Tauchtauglichkeit Manual

Jürg Wendling, Oskar Ehm, Rolf Ehrsam,
Peter Knessl, Peter Nussberger

unter Mitarbeit von:

GTÜM/ÖGTH
Wilfried Beuster, Hans Grajetzki, Lutz Hock, Uwe Hoffmann, Herbert Löllgen, Peter Müller, Michael Pavlovic, Kay Tetzlaff, Wolfgang von Weitzsäcker, Jürgen Wenzel

SGUHM
Rebecca Anderau, Martin Böni, Hanspeter Bucher, Albert Bühlmann †, Francesco Failla, Ernst Frösch, Hans Fuchs, Niklaus Gäumann, Jean Gloor, Franz Guala, Lienhard Gywat, Francis Héritier, Leopold Jaton, Martin Kraus, Christian Meyer, Walter Pfeifhofer, Urs Ramel, Erich Russi, Klaus Schärmeli, Antoine Uské, Alfred Wassmer, Guy de Watteville,

eine Publikation der

Gesellschaft für Tauch- und Überdruckmedizin (GTÜM)
Schweizerischen Gesellschaft für Unterwasser- und Hyperbarmedizin (SGUHM)
Österreichischen Gesellschaft für Tauch- und Hyperbarmedizin (ÖGTH)

Zweite Auflage September 2001

Anschriften der Autoren:

Dr. med. Jürg Wendling
Seevorstadt 67, CH-2502 Biel
mail@wendling.ch

Dr. med. Oskar Ehm
Mühltalstrasse 132, D-69121 Heidelberg

Dr. med. Rolf Ehrsam
Inst. für Sportmed., St. Johannvorstadt 25, CH-4056 Basel
rolf.ehrsam@unibas.ch

Dr. med. Peter Knessl
Steinechtweg 18, CH-4452 Itingen
pknessl@bluewin.ch

Dr. med. Peter Nussberger
Gemeindespital, CH-4125 Riehen
nussberger@datacomm.ch

Herausgeber und Verlag: 2001 Gesellschaft für Tauch- und Überdruckmedizin, Schweizerische Gesellschaft für Unterwasser- und Hyperbarmedizin und Österreichische Gesellschaft für Tauch- und Hyperbarmedizin

Printed in Switzerland

Druck: Druckerei Schüler AG, 2501 Biel

Umschlag: Peter Gabriel, Kaktus Grafik, 4125 Riehen (BS)

Layout und Satz: Michèle Spahr, Sekretariat SGUHM, 2543 Lengnau

Lektorat: Dr. Martin Rüegger, 6002 Luzern

ISBN 3-9522284-0-0

Inhalt

Vorwort

Mit Beginn der heute weltweiten Sporttaucherei vor etwa 50 Jahren orientierte sich die Medizin an den wenigen Vorgaben der Berufstaucherei. Noch 1964 wurde die Tauchtauglichkeit von C.D. Moslener (damaliger Leiter der tauchmedizinischen Abteilung am Schiffahrtmedizinischen Institut der Marine) in seinem Buch "Tauchen mit Verstand" so formuliert: "Nur an Leib und Seele Gesunde eignen sich zum Tauchen. Schädigungen irgendwelcher Art dürfen nicht vorhanden sein". Dies traf für Berufstaucher mit oft schweren Arbeitsbedingungen zu.

Nach Meinung führender internationaler Tauchmediziner gibt es keine grundsätzlichen Unterschiede für die Beurteilung einer Tauchtauglichkeit zwischen Berufs- und Sporttauchern (Konferenz 1994 in Edinburgh), doch fehlen für die Sporttaucher gesetzliche Grundlagen. Für die Freizeittaucher bleibt deshalb die Tauchtauglichkeitsuntersuchung ein konsultativer Akt mit präventivem Charakter.

Um dieser Realität gerecht zu werden, wurden von der GTÜM 1992 Richtlinien über die absoluten und relativen Kontraindikationen für die Tauchtauglichkeit von Sporttauchern erstellt. 1989 war das Buch "Tauglichkeitsuntersuchungen bei Sporttauchern" von O.F. Ehm in der 1. Auflage im Springer-Verlag erschienen und in der Schweiz wurde 1995 die 1. Auflage des Manuals für die Tauchtauglichkeit herausgegeben. Dieses Manual hatte den grossen Vorteil, dass man sich rasch über alle gesundheitlichen Probleme informieren konnte, da jede Frage, aufgegliedert nach Gefahren, Krankheitsbildern und Kontraindikationen, auf einer Seite knapp zusammen dargestellt war.

Im Laufe des Jahres 1999 wurden die Richtlinien über die Kontraindikationen der GTÜM überarbeitet und erweitert. Jürg Wendling, als Mitglied des Ausschusses "Tauchtauglichkeit" der GTÜM, schlug vor, das Manual, dessen 1. Auflage im Auslaufen war, gemeinsam mit den österreichischen und deutschen tauchmedizinischen Gesellschaften herauszugeben.

Die dann folgende Arbeit war eine epochale Leistung, dessen Ergebnis in der internationalen Tauchmedizin als richtungsweisend wirken könnte. Es ist das grosse Verdienst der Autoren, unter der Koordinierung von Jürg Wendling, mit Beharrlichkeit, Geschick und Charme eine gemeinsame Auflage des Manuals für die drei deutschsprachigen Länder geschaffen zu haben.

Den deutschen, österreichischen und schweizerischen Co-Autoren sei für ihren wertvollen Beitrag und die beharrliche Teilnahme am mehrheitlich elektronisch geführten Dialog vielmals gedankt. Ebenso haben wir die Kommentare nicht genannter weiterer Experten mit Dankbarkeit angenommen.

Wir hoffen mit dem Manual einen nachhaltigen Beitrag zur Tauchsicherheit leisten zu können.

O.F. Ehm

Ehrenvorsitzender des Ausschusses "Tauchtauglichkeit" der GTÜM

Einleitung

Das Sporttauchen erfreut sich zunehmender Beliebtheit, und die Zahl der Tauchanfänger wie auch der erfahrenen Taucher steigt weiterhin an. Um Tauchunfällen vorzubeugen, werden seit einiger Zeit regelmässige medizinische Kontrollen empfohlen oder sogar vorgeschrieben. Hierzu enthält das Manual "Tauchtauglichkeit" Richtlinien und Empfehlungen, die dem heutigen Stand des Wissens entsprechen.

Tauchtauglichkeitsuntersuchungen soll der Hausarzt durchführen können oder ein anderer Arzt, der mit dem Tauchsport vertraut ist. Die tauchmedizinischen Fachgesellschaften Deutschlands, Österreichs und der Schweiz bieten speziell zugeschnittene Ausbildungsmöglichkeiten an, die für Ärzte aller Fachrichtungen zugänglich sind und das notwendige Wissen vermitteln. Die offiziellen Tauglichkeitszeugnisse der Gesellschaft für Tauch- und Überdruckmedizin (GTÜM), der Österreichischen Gesellschaft für Tauch- und Hyperbarmedizin (ÖGTH) und der Schweizerischen Gesellschaft für Unterwasser- und Hyperbarmedizin (SGUHM) dürfen von allen Ärzten, welche sich an die Richtlinien der entsprechenden Gesellschaft halten, ausgestellt werden. Die Gesellschaften empfehlen aber den Tauglichkeitsbegutachtern die Teilnahme an den angebotenen Kursmodulen, die von der jeweiligen Gesellschaft zertifiziert werden. Die Ausbildungsstufen in der Tauchmedizin sind in europäischen Richtlinien festgehalten, die von den Dachgesellschaften (European Committee for Hyperbaric Medicine ECHM und European Diving Technology Committee EDTC) erstellt wurden. Dem Basismodul "Medical Examiner of Divers" entspricht in der GTÜM und ÖGTH das Kursmodul A, in der SGUHM der Basiskurs "Tauglichkeitsbegutachter für Taucher und Arbeiter unter Hyperbarbedingungen".

Die im vorliegendem Manual enthaltenen Kontraindikationenblätter weisen darauf hin, in welchen Fällen ein Facharzt beigezogen werden sollte. Für besondere Fragen stehen Tauchmediziner der drei Gesellschaften zur Verfügung. Die Qualifikation dieser Spezialisten entspricht dem "Diving Medicine Physician" der europäischen Richtlinien, bzw. dem "Hyperbaric Medicine Expert". In der GTÜM und ÖGTH sind dies der "Taucherarzt" oder "Arzt für Tauch- und Überdruckmedizin" und in der Schweiz der Inhaber des von der Schweizerischen Ärztegesellschaft FMH anerkannten Fähigkeitsausweises "Tauchmedizin". Aktualisierte Listen und weitere Unterlagen zu Fragen der Tauchtauglichkeit, insbesondere was deren Beurteilung und Anerkennung ärztlicher Zeugnisse im Ausland betrifft, können über die Sekretariate der GTÜM, SGUHM und der ÖGTH angefordert werden.

Die vorliegenden Richtlinien und Empfehlungen wurden gemeinsam mit dem Autorenteam der ersten Auflage des Manuals sowie dem Ausschuss "Tauchtauglichkeit" der GTÜM erarbeitet und anschliessend durch die Vorstände der auch im Ausschuss vertretenen österreichischen und schweizerischen Fachgesellschaften anerkannt.

Diese Richtlinien genügen zur Beurteilung von Berufstauchern nicht (siehe Tauglichkeitskriterien im nächsten Abschnitt). Für diese gelten besondere Bestimmungen, welche in Deutschland in den berufsgenossenschaftlichen Regelungen, in Österreich in der Druckluft- und Taucherarbeiten-Verordnung 501/73 und in der Schweiz in der Verordnung zum Unfallversicherungsgesetz, bzw. den Ausführungsbestimmungen der Schweizerischen Unfallversicherungsanstalt Suva festgehalten sind.

Alle in diesem Manual verwendeten männlichen Bezeichnungen und Formen gelten sinngemäss auch für die weiblichen.

Tauchmedizinische Grundlagen

Das Freizeittauchen mit Druckgasgeräten kann man kaum als übermässig gefährlich oder als Leistungssport betrachten. Es kann aber in Ausnahmesituationen die Mobilisierung aller psychischen und physischen Reserven verlangen. Das Tauchen ist mit einem Umgebungswechsel verbunden, der für den Menschen meist ungewohnt ist und an dessen andere Gesetzmässigkeiten er sich anzupassen hat. Tauchunfälle sind vielfach nicht durch unentdeckte, vorbestehende Erkrankungen oder tauchtechnische Probleme bedingt, sondern in einer weitaus grösseren Zahl durch Fehlverhalten und menschliches Versagen.

Die Motivation zum Tauchen entsteht nicht nur aus der Faszination des fast gewichtslosen Schwebens im dreidimensionalen Raum. Oft wurzelt die Anregung im sanften Druck einer nahestehenden oder befreundeten Person. Viele Anfänger möchten zudem sich selbst oder ihrer Umgebung den Beweis des Mutes oder der Überwindung liefern. Die Entscheidung, den Tauchsport zu erlernen, sollte aber überlegt und ohne innere Überwindung oder äusseren Zwang erfolgen. Der untersuchende Arzt kann je nach Art der Beweggründe seine weitere Beratung individuell gestalten.

Im folgenden mögen einige tauchphysiologische Aspekte und die Erläuterung einzelner Probleme des andersartigen Milieus dem tauchmedizinisch unerfahrenen Arzt helfen, das nötige Verständnis zur Beurteilung der Tauchtauglichkeit und einiger tauchmedizinischer Zusammenhänge zu vermitteln.

Es mag überraschend klingen, dass man von einem Tauchanfänger genügende Schwimmkenntnisse verlangen sollte. Darunter versteht man, dass die betreffende Person wassergewohnt sein soll und sich selbständig atmend an der Wasseroberfläche fortbewegen kann. Darüber hinaus braucht es eine gewisse Erfahrung im Umgang mit der Grundausrüstung, das heisst mit der Maske, den Flossen und dem Schnorchel. Fehlen diese Voraussetzungen, so wird ein Kandidat im Umgang mit der Ausrüstung unter Wasser kaum über die notwendige Sicherheit und Ruhe verfügen. Gefühle des Unbehagens, der Angst oder Panik müssen nicht erst bei objektivierbaren Problemen auftreten. Bereits die Tatsache, dass man in einem nicht atembaren Medium eingeschlossen ist oder nicht sofort zur Wasseroberfläche zurückkehren kann, vermag bei prädisponierten Personen zu einer psychischen Fehlreaktion zu führen.

Das Tragen der Tauchausrüstung mit einem Gewicht von 20 bis 40 kg kann schon beim Einstieg ins Wasser oder bei der Rückkehr manchen Taucher kräftemässig überfordern. Wasser ist ca. 625 mal dichter als Luft. Dies ermöglicht zwar eine scheinbare Schwerelosigkeit, schränkt dafür aber die gewohnte Beweglichkeit deutlich ein. Voluminöse Ausrüstungsgegenstände verstärken den Strömungswiderstand des Tauchers zusätzlich und fordern bisweilen Kraft und Kondition. Wasser ist ein sehr guter Wärmeleiter. Eine einsetzende Unterkühlung kann sich trotz eines schützenden Tauchanzugs rasch bemerkbar machen. Das bei Muskelzittern vermehrt produzierte CO_2 führt zu einer Zunahme der Atemarbeit, welche durch zusätzliche Druckunterschiede und eine Erhöhung der Atemwegswiderstände verstärkt wird. Das Absinken der Körpertemperatur vermindert zudem die körperlichen Leistungsreserven drastisch, was unter Wasser leicht zu Erschöpfung und Panikreaktionen führen kann.

Der auf den Körper wirkende hydrostatische Druck führt bereits beim Einstieg ins Wasser zu einer Verschiebung des Blutes in die Thoraxorgane. Das Eintauchen des Körpers unter die Wasseroberfläche und das Atmen mit einem Schnorchel steigert die ohnehin vermehrte Blutansammlung in den Thoraxorganen, bedingt durch einen geringfügig negativen intrathorakalen Druck von 20-30 cm H_2O (2-3 kPa bzw. 0,02-0,03 bar). Dieser Mechanismus kann durch eine kältebedingte periphere Vasokonstriktion und eine Kompression der Extremitäten durch den Tauchanzug verstärkt werden. Beim Tauchen mit den heute üblichen Druckgasgeräten, deren Atemregler (Lungenautomat) bei normaler Schwimmlage tiefer als die Thoraxmitte liegt, kommt es zu einer Umkehr dieser Verhältnisse. Die Drücke in der Lunge bleiben mit 5-20 cm H_2O positiv. Diese Verhältnisse entsprechen einer Atmung mit CPAP. Bei aufrechter Lage oder rücklings wird der relative intrathorakale Druck wieder negativ.

Beim weiteren Abstieg machen sich mehrere physikalische Gesetze bemerkbar. Das Gewicht des Wassers bedingt ein Ansteigen des hydrostatischen Druckes um ca. 100 kPa (1 bar) pro 10 m Tiefenzunahme, d.h. 10 m = 100 kPa, 20 m = 200 kPa, 30m = 300 kPa etc. Beim Berechnen der absoluten Druckverhältnisse ist neben dieser hydrostatischen Komponente auch der Luftdruck an der Oberfläche zu berücksichtigen. Dieser beträgt auf Meeresniveau 101,3 kPa, d.h. ebenfalls ca. 1 bar. Daraus folgt eine Verdoppelung des absoluten Druckes auf 200 kPa in 10 m Tiefe. In 20 m beträgt der Gesamtdruck 300 kPa, in 30 m 400 kPa, in 40 m 500 kPa. Dies zeigt, dass die grösste relative Druckänderung in unmittelbarer Nähe der Oberfläche erfolgt (erste Druckverdoppelung bei einer Tiefenzunahme von 10 m, die zweite erfordert 20 m, die dritte 40 m, d.h. eine Tiefenzunahme von 30 auf 70 m).

Auf einen Taucher mit einer Körperoberfläche von 2 m^2 lasten während des Abstiegs mit jedem zusätzlichen Meter zwei Tonnen mehr. Da das Körpergewebe nicht komprimierbar ist, macht sich diese Druckzunahme nicht bemerkbar. Eine wichtige Ausnahme bilden jedoch die gasgefüllten Hohlräume.

Zu diesen zählen die Lunge mit den dazugehörenden Atemwegen, die Nebenhöhlen, das Mittelohr und Teile des Magen-Darm-Trakts. Zu beachten sind auch die Teile der Ausrüstung, welche mit diesen Organen in direkter Verbindung stehen, wie die Tauchermaske, der Helm oder das Mundstück des Lungenautomaten. Beim Apnoetauchen ohne Atemgerät wird der Innendruck im Thorax und Abdomen durch Kompression dem Umgebungsdruck angeglichen. Dagegen passt sich der Atemgasdruck bei Tauchgeräten durch den Lungenautomaten dem jeweiligen Umgebungsdruck an. Somit bestehen nur kleine, von der Körperlage abhängige Unterschiede zum Umgebungsdruck. Der Druckausgleich im Mittelohr erfolgt über die Tuben, meist durch forcierte Druckerhöhung im Nasen-Rachen-Raum. Dieser Vorgang wird in Taucherkreisen als Valsalvamanöver bezeichnet.

Bei den Gasen bildet nach dem Gesetz von Boyle-Mariotte das Produkt von Druck und Volumen eine Konstante: $pV = K$, bzw. $p_1V_1 = p_2V_2$. Eine Druckzunahme führt demnach zu einer Abnahme des Volumens. So wird bei einem Apnoetaucher das an der Oberfläche eingeatmete Volumen bei einer Gesamtlungenkapazität von 6 l in 10 m Tiefe auf die Hälfte, d.h. auf 3 l komprimiert. Bei einem Gerätetaucher in gleicher Tiefe werden dagegen 12 l Luft bei Oberflächendruck benötigt, um das Füllungsäquivalent von 6 l bei 200 kPa (2 bar) zu erreichen. Praktische Konsequenzen dieser Gesetzmässigkeiten sind einerseits ein mit zunehmender Tiefe steigender Atemgasverbrauch und anderseits die Notwendigkeit, das überschüssige Gas beim Aufstieg wieder abzuatmen, ohne dass dabei ein potentiell gefährlicher Druckanstieg in den erwähnten Körperhöhlen eintritt. Sämtliche Läsionen im Bereich der Atemwege oder in anderen Organen, die zu einer erschwerten Gasabgabe, d.h. zum sogenannten "Airtrapping" neigen, verbieten deshalb das Tauchen mit einem Atemgerät.

Mit zunehmender Tiefe ändert sich nicht nur der Druck des Atemgases, sondern auch dessen Dichte. Die Strömungsverhältnisse in den Atemwegen ändern sich, durch die vermehrte Atemarbeit kann es zu einer Kohlendioxidretention kommen.

Die prozentuale Zusammensetzung des eingeatmeten Gases bleibt konstant. Hingegen wandelt sich bei Druckveränderungen die physiologische Reaktion auf einzelne seiner Fraktionen. Nach dem Gesetz von Dalton übt ein Gasgemisch einen Gesamtdruck aus, welcher der Summe der Partialdrücke seiner einzelnen Fraktionen ($P_{ges} = p_1 + p_2 + p_3 ...$) entspricht. Der normale Luftdruck von 101 kPa setzt sich aus dem Partialdruck von Sauerstoff (21 kPa = 0,21 bar) und Stickstoff (80 kPa = 0,80 bar) zusammen, falls man die zu vernachlässigenden Edelgase, das CO_2 und den Wasserdampf ausser Acht lässt. Mit etwas Rechnen wird ersichtlich, dass bei der Luftatmung in 40 m Tiefe, d.h. bei einem Gesamtdruck von 500 kPa (5 bar), der O_2-Partialdruck der Atemluft demjenigen von reinem Sauerstoff bei 1 bar Gesamtdruck entspricht, d.h. der Atmung von 100% O_2 auf Meeresniveau. Beim Sporttauchen mit Druckluft kommt das Problem der Sauerstofftoxizität wegen der jeweils kurzen Aufenthaltsdauer in solchen Tiefen jedoch nicht zur Geltung. Bei länger dauernder Atmung unter diesen Bedingungen muss aber dieses Faktor berücksichtigt werden. Atemgasgemische für tiefes, d.h. vor allem berufliches Tauchen haben deswegen eine erniedrigte O_2-Konzentration, und die verschiedenen Gemische müssen während des Tauchgangs gewechselt werden.

Die Erhöhung des Stickstoffpartialdrucks kann sich ebenfalls in gefährlicher Weise bemerkbar machen. Fast alle sogenannt inerten Gase haben je nach ihrer Fettlöslichkeit mehr oder minder starke narkotische Eigenschaften, so auch der Stickstoff. Bei Anfängern können sich bereits in einer Tiefe von 25-30 m Symptome bemerkbar machen. Je nach Veranlagung und Befindlichkeit kann die Wirkung unterschiedlich und mehr oder weniger narkotisch sein (Tiefenrausch). Beim kommerziellen Tauchen in grössere Tiefen wird deshalb Stickstoff durch Helium, Wasserstoff oder durch eine Kombination mehrerer Inertgase ersetzt.

Seit mehreren Jahren werden auch beim Freizeittauchen erfolgreich sogenannte Nitrox-Gemische verwendet. Dabei handelt es sich um Luft, die mit Sauerstoff angereichert ist. Bei der Benützung solcher spezieller Gasgemische wird primär nicht die Verminderung der narkotischen Einflüsse, sondern eine Reduktion der Menge von physikalisch gelöstem Stickstoff in den Körpergeweben beabsichtigt. Durch den erhöhten O_2-Partialdruck kann aber bereits in geringeren Tiefen eine toxische Sauerstoffwirkung auftreten.

Gase lösen sich in Flüssigkeiten und Geweben nach dem Gesetz von Henry entsprechend ihrem Partialdruck und Löslichkeitskoeffizienten. Nimmt beim Auftauchen der äussere Druck wieder ab, diffundiert das gelöste Gas aus dem Gewebe, sofern die Geschwindigkeit der Druckreduktion die Diffusionskapazität nicht übersteigt. Bei einem zu schnellen Druckabfall kommt es im Gewebe zu einer Übersättigung und damit zur Möglichkeit einer gefährlichen Blasenbildung. Beim Auftreten von ischämiebedingten, unter Umständen lebensbedrohlichen Symptomen, welche durch eine Gasembolisation oder eine mechanische Obstruktion bedingt sind, spricht man von Dekompressionserkrankung. Früher wurden zwei Erscheinungsbilder klar unterschieden: einerseits die arterielle Gasembolie (AGE) mit einem sofortigen Auftritt während oder unmittelbar nach dem Auftauchen und anderseits die beiden Formen der Dekompressionskrankheit (DCS, engl. "decompression sickness"). Man nimmt im Falle einer AGE eine mechanische Schädigung im Bereich der Lungengefässe an, verbunden mit Gasübertritt in den Systemkreislauf und mit oft fatalen Gasembolien im grossen Kreislauf (Zerebral- und Koronararterien). Bei der DCS, deren Symptome teils durch das progrediente Wachstum von stationären Blasen im Gewebe des Bewegungsapparates (periphere Form, DCS I) oder durch Mikroembolisation ins zentrale Nervensystem, hauptsächlich ins Rückenmark (zentrale Form, DCS II), erklärt werden, ist die lokale Übersättigung der verhältnismässig schlecht perfundierten Gewebsabschnitte der auslösende Faktor. Diese strikte Trennung wird zunehmend durch die Erkenntnis relativiert, dass bei Vorhandensein verschiedener Formen des Rechts-links-Shunts aus dem Gewebe freigesetzte Blasen auf die systemische Kreislaufseite gelangen und sich wie eine primäre AGE auswirken können. Deshalb werden neuerdings alle Formen der gasbedingten Läsionen unter dem Begriff DCI, engl. "decompression illness", zusammengefasst (deutsch kaum zu übersetzen; gebräuchlich sind "Mikrobläschenkrankheit" oder "akute Dekompressionserkrankung", "Dekompressionszwischenfall").

Zweck dieser Ausführungen ist es, das Verständnis für die Bedeutung der intrakardialen und intrapulmonalen Shunts zu wecken und den Wert der hyperbaren Oxygenation (HBO) und der Rekompressionstherapie zu erklären. Unabhängig davon, ob die Blasenbildung durch eine zu schnelle Dekompression beim Tauchen, Fliegen, in der Raumfahrt oder durch einen medizinischen oder chirurgischen Eingriff erfolgt ist, führt sie zu Obstruktionen von Gefässlumina mit nachfolgenden Endothelschädigungen und Gerinnungsaktivation. Dabei verursachen mehrere Mechanismen eine Hypoperfusion mit Gewebshypoxie. Eine sofortige Verabreichung von 100% Sauerstoff (normobare Oxygenation, NBO) verbessert die Gewebsoxygenierung und beschleunigt die Auflösung der Blasen. Schnelle Verabreichung von hyperbarem Sauerstoff in einer Druckkammer (HBO) wirkt nicht nur wegen der zusätzlichen Oxygenation durch den physikalisch gelösten Sauerstoff, sondern auch mechanisch durch eine Kompression der obstruierenden Gasblasen.

Dank der niedrigen Inzidenz solcher Zwischenfälle ist es für die meisten Ärzte wenig wahrscheinlich, diesen Problemen zu begegnen. Sie sollten aber die mögliche Symptomatik kennen, gerade weil sie oft unspezifisch sein kann. Neurologische, respiratorische, abdominale, kutane oder sonstige Störungen des Allgemeinzustandes, welche innerhalb von maximal 48 h nach einem Tauchgang auftreten, müssen solange als Tauchzwischenfall angesehen und behandelt werden, bis ein Gegenbeweis vorliegt. Die Behandlung hat rasch und nach Möglichkeit in einer therapeutischen Druckkammer eines Zentrumsspitals zu erfolgen, da insbesondere bei der zentralen Form der Dekompressionskrankheit eine Therapieverzögerung zu irreversiblen Folgeschäden führen kann. Bei vitaler Bedrohung haben jedoch immer primär lebenserhaltende Massnahmen den Vorrang.

Die gewohnte Wahrnehmung der Umwelt beschränkt sich unter Wasser auf den Lagesinn und die visuelle Information. Fällt eine dieser Quellen aus, zum Beispiel bei Dunkelheit oder schlechter Sicht, so droht eine räumliche Desorientierung. Störungen des Gleichgewichtes können in dieser Situation besonders gefährlich werden. Bei der Beratung von Tauchanfängern mit Behinderungen im Bereich der Sinnesorgane oder bei Auffälligkeiten im Verhalten sollte man diese Risiken im Gespräch erwähnen. In zweifelhaften Fällen oder in Situationen, bei denen eine Tauglichkeit nur unter Vorbehalt flankierender Massnahmen ausgesprochen werden kann, z.B. beim Behindertentauchen, soll der Arzt mithelfen, den Weg zu risikoarmem Tauchen zu finden.

Die erwähnten physiologischen Veränderungen müssen von einem künftigen oder bereits ausgebildeten Taucher verstanden werden. Neben dem Verständnis muss auch die Bereitschaft vorhanden sein, nach gewissen Regeln zu handeln. Auch nach der Grundausbildung müssen neue, zum Teil ungewohnte Situationen erkannt und ihre Beherrschung erlernt werden. Die bereits erwähnte Verwendung anderer Atemgasgemische auch im Freizeitsektor stellt mit der damit verbundenen komplexen Problematik zwar keine besonderen Anforderungen an die körperliche Leistungsfähigkeit. Um so mehr muss aber ein entsprechendes Mass an Lern- und Urteilsfähigkeit gefordert werden, um plötzlich auftretenden Ereignissen adäquat begegnen zu können.

Die in den herausgebenden Gesellschaften vereinigten Ärztinnen und Ärzte und vor allem die Autoren dieses Manuals stellen sich zur Verfügung, um in Problemfällen Beratung anzubieten.

In Notfallsituationen stehen Hilfsorganisationen zur Verfügung, zum Beispiel das Divers Alert Network (DAN), erreichbar über die Alarmtelephonnummer der REGA (siehe Kontaktadressen am Ende des Manuals).

Die Tauglichkeitsuntersuchung

Rechtliche Aspekte

Wozu dienen Tauglichkeitsatteste? Rechtlich werden für das Freizeittauchen weder eine ärztliche Untersuchung noch ein Ausbildungsnachweis verlangt, da beim Tauchen kaum eine Fremdgefährdung besteht. Tauchausrüstungen inklusive Atemgeräte können von jedermann frei erworben und auf eigene Verantwortung benutzt werden.

Wie kommt man zu einem Tauglichkeitszeugnis? Angehende wie auch erfahrene Taucherinnen und Taucher wünschen möglichst schnell und mit vertretbarem finanziellem und zeitlichem Aufwand zu einem anerkannten Zeugnis zu gelangen. An einer ärztlichen Beratung sind leider meist nur wenige interessiert.

Eine Tauglichkeituntersuchung für Sporttaucher ist ein konsultativer Akt mit präventivem Charakter. Der Arzt handelt also nicht als Gutachter im Auftrag eines Dritten. Auftraggeber ist der Tauchkandidat selbst. Sinn und Zweck der Untersuchung muss es deshalb sein, dem Kandidaten klar verständlich zu machen, ob allenfalls gesundheitliche Einwände gegen das Tauchen bestehen, d.h. ihm gegebenenfalls vom Tauchen abzuraten ist. Taucher sind oft auf Dienstleistungen von Clubs, Sportgeschäften oder Tauchbasen angewiesen. Diese wollen für mögliche Gesundheitsschäden ihrer Klienten nicht haftbar gemacht werden.

Die Taucher selbst wollen einerseits die Gewissheit, dass keine gesundheitlichen Risiken für die geplante Sportart bestehen, andererseits möchten sie keine Abstriche an möglichen Versicherungsleistungen riskieren. Neben der Beratung kommt dem untersuchenden Arzt daher auch die ungewollte und unbeliebte Rolle eines Schiedsrichters zu.

Der untersuchende Arzt wird also prüfen, ob die Kriterien der Tauglichkeit gemäss den aufgeführten Empfehlungen erfüllt sind. Die erhobenen Befunde unterstehen der ärztlichen Schweigepflicht. Deshalb soll das Ergebnis der Untersuchung auf einem gesonderten Formular, dem Attest, welches für nichtärztliche Stellen bestimmt ist, festgehalten werden. Das Protokoll der Untersuchung kann dem Kandidaten ausgehändigt werden, was dann sinnvoll ist, wenn der Betreffende sich später an einer anderen Stelle einer Nachuntersuchung zu unterziehen hat. Andernfalls sollte es aber auch in der Hand des Untersuchers verbleiben und aus formal-juristischen Gründen gegebenenfalls von ihm und vom Taucher unterzeichnet werden. Dies kann den Arzt entlasten, wenn Krankheiten wie z.B. Epilepsie, pektanginöse Beschwerden und andere die sich vorwiegend durch die Anamnese erfassen lassen unterschlagen worden sind. Ein erfahrener Untersucher wird es allerdings verstehen, den Kandidaten so kompetent zu befragen und glaubwürdig zu beraten, dass die ehrliche und zweckmässige Empfehlung auch hinreichend verstanden und akzeptiert werden kann.

Kriterien der Tauglichkeit zum Sporttauchen

Obwohl die Risiken beim Sporttaucher, beim Tauchlehrer, Forschungstaucher, Polizeitaucher oder beim Unterwasserarbeiter letztlich die gleichen sind, unterscheidet sich die Unfallgefahr ganz erheblich. Verschiedene Unterwassertätigkeiten bergen unterschiedliche Unfallrisiken, welche sich aber durch entsprechende Ausbildung, entsprechendes Training und angepasste Ausrüstung relativieren und minimieren lassen. Die nachfolgende Tabelle zeigt vereinfacht die erforderlichen Bedingungen, die Sporttauchen nicht zwangsläufig zum Wagnis machen.

Tauglichkeitskriterien für Freizeittaucher

- Selbständig schwimmfähig
- Kommunikationsfähig
- Mentale Reife, die eine Eigenverantwortlichkeit gewährleisten kann
- Ausschluss von Leiden, die eine Bewusstseinstrübung oder Orientierungsstörung auslösen
- Ausschluss von Leiden, deren Symptome leicht Panik auslösen
- Ausschluss von Leiden, die ein Barotrauma verursachen können
- Ausschluss von Leiden, die durch das Tauchen verschlimmert werden können

Diese Kriterien erfordern entsprechende Sollwerte. Aufgabe des Arztes ist es, auf Grund seiner tauchmedizinischen Ausbildung und an Hand von anerkannten Richtlinien zu beurteilen, ob gesundheitliche Einwände gegen eine bestimmte Art des Tauchens sprechen und welche Gefahren durch deren Nichtbeachtung drohen können.

Bei der tauchmedizinischen Untersuchung soll es nicht in erster Linie darum gehen, einen Probanden für tauglich oder untauglich zu erklären. Vielmehr soll der Arzt mithelfen, in zweifelhaften Fällen oder in Situationen, bei denen eine Tauglichkeit nur unter gewissen Vorbehalten ausgesprochen werden kann, z.B. beim Behindertentauchen, den Weg zu risikoarmem Tauchen zu finden.

Als Hilfe dazu enthält dieses Manual eine Checkliste zur Anamnese und körperlichen Untersuchung. Die im nächsten Kapitel aufgeführte Zusammenstellung von Einschränkungen und Kontraindikationen erhebt keinen Anspruch auf Vollständigkeit und soll nicht dogmatisch übernommen werden. Sie repräsentiert den momentanen Wissensstand und entspricht der Meinung der beteiligten Autoren.

Bemerkungen zum Untersuchungsgang

Die Untersuchung eines Tauchers unterscheidet sich in verschiedener Hinsicht von einer Sprechstundenkonsultation, die vom gewohnten Verhältnis eines hilfesuchenden Patienten zu seinem Arzt geprägt ist.

Oft wird der Untersucher den Probanden zum erstenmal sehen. Im Idealfall ist er dem untersuchenden Arzt (zum Beispiel dem Hausarzt oder Clubarzt) schon bekannt. In diesem Fall können eher ehrliche Antworten, auch auf die wichtige Frage zur Tauchmotivation, erwartet werden.

Die Anamnese sollte sämtliche Punkte der Checkliste berücksichtigen. Wie dabei vorgegangen wird, ist jedem Untersucher selbst überlassen, doch legen die tauchmedizinischen Fachgesellschaften Wert darauf, dass die Befragung vom Arzt selbst durchgeführt wird. Dies macht die Fragen verständlicher und bietet gleichzeitig die Möglichkeit, durch ein etwas länger dauerndes Gespräch einen Eindruck über die Persönlichkeit, Eignung und allenfalls über psychische Auffälligkeiten der Person zu erhalten.

Ergeben sich aus der Anamnese Hinweise auf Erkrankungen, die mit dem Tauchen eindeutig nicht zu vereinbaren sind (siehe Kontraindikationen), so erübrigt sich eine körperliche Untersuchung.

Die im Formular aufgeführten Untersuchungen sind zwingend durchzuführen, wenn das Zeugnis der Fachgesellschaften benützt wird. Zu erwähnen ist bereits an dieser Stelle, dass sich die räumliche Haltungkontrolle durch den verschärften Rombergtest recht gut und reproduzierbar erfassen lässt. Er gibt über die Intaktheit der Achse Kleinhirn - Vestibularorgan - Propriozeption - Taktilität Auskunft und setzt sich bei Tauchern als Standard durch (Beschreibung in Lee 1998, siehe Literaturverzeichnis).

Kann eine Spezialabklärung durch den untersuchenden Arzt nicht selbst durchgeführt werden, ist diese zu delegieren. In Zweifelsfällen oder bei eindeutig belasteter Vorgeschichte helfen die entsprechenden Seiten im Kontraindikationenteil weiter.

Spezialistenkonsilien und Abklärungen bedürfen einer regulären Überweisung, wobei vom Konsiliararzt eine Antwort auf präzis gestellte Fragen erwartet wird. Die Endbeurteilung bleibt in der Hand des Erstbeurteilers. Für weitergehende, besondere tauchmedizinische Probleme stehen die im Anhang des Manuals aufgeführten Tauchmediziner und Spezialisten zur Verfügung.

Untersuchungsformulare / Fragebogen

Die drei Herausgebergesellschaften haben, einer gewissen nationalen Tradition folgend, ihre Untersuchungsformulare zwar in eigener Gestaltung beibehalten, inhaltlich jedoch den gemeinsamen Richtlinien, die in diesem Manual festgehalten sind, angeglichen. Da die Fachgesellschaften für Tauch- und Überdruckmedizin in jedem Land noch in einem Integrationsprozess innerhalb der ärztlichen Fachgesellschaften stehen, erachten wir es als sinnvoll und zweckdienlich, wenn dies vorerst so beibehalten wird. Auf den folgenden Seiten sind die Formulare der deutschen Fachgesellschaft "Gesellschaft für Tauch- und Überdruckmedizin GTÜM", der "Schweizerischen Gesellschaft für Unterwasser- und Hyperbarmedizin SGUHM", und der "Österreichischen Gesellschaft für Tauch- und Hyperbarmedizin ÖGTH" abgebildet. Die Fragebogen der GTÜM und ÖGTH müssen obligatorisch von den zu untersuchenden Kandidaten unterschrieben werden. Die SGUHM überlässt den Entscheid bezüglich Unterschrift des Kandidaten dem Untersucher, will aber weniger die Anamnese als vielmehr die Feststellungen der abschliessenden Besprechung bestätigen lassen, die unter „Bemerkungen“ im Sinne eines "informed consent" festgehalten worden sind.

MEDIZINISCHE VORSORGEUNTERSUCHUNG VON SPORTTAUCHERN

nach den Richtlinien (Ausgabe 2000) der Gesellschaft für Tauch- und Überdruckmedizin e. V. (GTÜM e. V.)

Arztstempel

Teil A

PERSONALIEN

Name, Vorname: .... Geb. Datum: ....

Adresse: .... Beruf: ....

Tel./Fax: .... Hausarzt: ....

SPORTLICHE BETÄTIGUNG

Gerätetauchen seit: .... Anzahl der Tauchgänge: ....

Tauchverfahren:

☐ **offene Systeme** ☐ **Kreislaufgeräte** ☐ **Mischgastauchen** ☐ **Höhlentauchen**
☐ **Wracktauchen** ☐ **Einsatz- bzw. Rettungstauchen** ☐ **Tauchlehrer bzw. -ausbilder**

Sonstige Sportarten: ....

☐ fallweise ☐ regelmässig, ... mal wöchentlich

KRANKHEITSVORGESCHICHTE

☐ **GESAMTE** Vorgeschichte

oder

☐ **ERGÄNZUNGEN** seit der letzten Untersuchung vom: ....

(nur möglich, wenn der Untersuchungsbogen der letzten Untersuchung dem Arzt vorliegt)

1. Hatten Sie jemals einen Tauchunfall oder Tauchzwischenfall?
   (Dekompressionsunfall, Luftembolie, Barotrauma, Trommelfellriss, Schwindel oder häufiger Kopfschmerz beim Tauchen)
   ☐ nein ☐ ja: ....
   ....

2. Hatten Sie Krankenhaus- oder Heilstättenbehandlungen, Operationen, schwerere Verletzungen oder Unfälle?
   ☐ nein ☐ ja: ....
   ....
   ....

Hatten/haben Sie Beschwerden oder Erkrankungen folgender Organe oder Körperfunktionen?

3. Kopf, Gehirn, Nervensystem:
(Schädel-Hirnverletzung incl. Gehirnerschütterung, häufiger Kopfschmerz, Migräne, Drehschwindel, Gleichgewichtsstörungen, Seekrankheit, Anfall mit Bewusstlosigkeit, epileptische Anfälle, Lumbago, sonstige neurologischen Erkrankungen)
☐ nein ☐ ja: ....
....

4. Psyche:
(Neigung zu Angstreaktion, Beklemmung in engen Räumen oder auf freien Plätzen, Panikattacke, Depressionen oder depressive Phasen, sonstige psychische Erkrankungen)
☐ nein ☐ ja: ....
....

5. Augen:
(Herabsetzung des Sehvermögens, Brillen- bzw. Kontaktlinsenträger: Stärke des Sehbehelfs, erhöhter Augeninnendruck)
☐ nein ☐ ja: ....
....

6. Nase, Nasennebenhöhlen:
(häufige Katarrhe, allergischer Schnupfen, Nasenbluten nach dem Tauchen, Stirn- oder Kieferhöhlenentzündungen)
☐ nein ☐ ja: ....
....

7. Ohren:
(Gehörgangsentzündung, Mittelohrentzündung, Trommelfellriss, Hörstörung, Ohrgeräusche, Schwindel)
☐ nein ☐ ja: ....
....

8. Atmungsorgane:
(Lungenentzündung, Rippenfellentzündung, Tuberkulose, Asthma, länger dauernde Bronchitis, Atemnot und/oder Husten bei leichter Anstrengung oder durch kalte Luft, Pneumothorax)
☐ nein ☐ ja: ....
....

9. Herz-Kreislaufsystem:
(Herzfehler, Herzmuskelentzündung, Engegefühl/Schmerzen im Brustkorb, Herzrhythmusstörungen, erhöhter Blutdruck, Durchblutungsstörungen, Venenentzündungen, Thrombosen, Embolien)
☐ nein ☐ ja: ....
....

10. Verdauungsorgane:
(Aufstossen, Sodbrennen, Magen- oder Zwölffingerdarmgeschwüre, Koliken, Gallensteine, Leistenbrüche)
☐ nein ☐ ja: ....
....

11. Niere, Harnwege, Geschlechtsorgane:
(Nieren-, Nierenbecken- bzw. Blasenentzündungen, Nierensteine)
☐ nein ☐ ja: ....
....

12. Haut, Muskulatur:
(Ausschläge, Entzündungen, angeborene oder erworbene Muskelschwäche)
☐ nein ☐ ja: ....
....

13. Knochen, Gelenke:
(Brüche, Verrenkungen [Luxationen], Rheumatismus, Bandscheibenschäden, Bewegungseinschränkungen)
☐ nein ☐ ja: ....
....

14. Stoffwechsel:
(Über- oder Unterfunktion der Schilddrüse, der Nebenniere, Tetanie, Zuckerkrankheit)
☐ nein ☐ ja: ....
....

15. Leiden Sie an Allergien?
☐ nein ☐ ja: ....
....

16. Hatten Sie in den letzten Monaten fieberhafte Erkrankungen?
☐ nein ☐ ja: ....
....

17. Hatten/haben Sie sonstige Krankheiten, Ausfälle oder Beschwerden, nach denen nicht ausdrücklich gefragt wurde?
☐ nein ☐ ja: ....
....

18. Trinken Sie alkoholische Getränke?
☐ nein ☐ fallweise ☐ regelmässig Art, Menge: ....

19. Rauchen Sie?
☐ nein ☐ fallweise ☐ regelmässig Art, Menge: ....

20. Nehmen Sie Medikamente ein?
☐ nein ☐ fallweise ☐ regelmässig Art, Menge: ....
....
....

21. Bei Frauen: Sind Sie schwanger?
☐ nein ☐ ja, in der .... Woche

22. Wurde innerhalb der letzten Jahre eine Röntgenuntersuchung der Lunge durchgeführt?
☐ nein ☐ ja, vor .... Monat(en)/Jahr(en) Begründung: ....
....

23. Wurde innerhalb der letzten Jahre ein Ruhe- oder Belastungs-EKG durchgeführt?
☐ nein ☐ ja, vor .... Monat(en)/Jahr(en) Begründung: ....
....

24. Ergänzungen: ....
....

Datum: .... Unterschrift des Probanden: ....

Unterschrift/Stempel des Arztes: ....

Teil B

KÖRPERLICHE UNTERSUCHUNG

Alter: .... Jahre   Grösse: .... cm   Gewicht: .... kg   BMI: ...... kg/m^2

1. Allgemeinzustand:
(Ernährungszustand, Ödeme, Missbildungen, Amputationen)
☐ o.B. ☐ Befund: ....
....

2. Haut:
(Dermatosen, allergische Erscheinungen)
☐ o.B. ☐ Befund: ....
....

3. Augen:
(Opto- / Pupillomotorik, Sehschärfe li / re, bei Brillen- / Kontaktlinsenträgern: Dioptrienangabe, eine augenärztliche Kontrolle ist indiziert wenn: a) binokulare Sehleistung < 0,7, b) Alter > 50 J., c) Alter > 40 J. <u>und</u> Hyperopie, d) Glaukom bekannt oder vermutet, e) Z. n. Augen-Op., f) bei Myopie, g) bei Augenentzündungen und anderen Augenkrankheiten)
☐ o.B. ☐ Befund: ....
....

4. Nase, NNH:
(Unbehinderte Nasenatmung, Anhalt für purulente oder allergische Rhinitis / Sinusitis)
☐ o.B. ☐ Befund: ....
....

5. Ohren:
(Gehörgänge, Trommelfell: Perforation, atrophische Narbe – Belastbarkeit bei Valsalva-Manöver, Tubendurchgängigkeit, Hörvermögen li / re)
☐ o.B. ☐ Befund: ....
....

6. Mundhöhle, Tonsillen, Rachenraum:
(Barotrauma bei massiver Karies und schlechten Zahnfüllungen, chron. Tonsillitis, Pharyngitis)
☐ o.B. ☐ Befund: ....
....

7. Hals:
(Struma, Lymphknotenvergrösserung, Geräusche über der A. carotis – Stenose)
☐ o.B. ☐ Befund: ....
....

8. Thorax:
(Thoraxform, symmetrische Atemexkursion, inspiratorisch-exspiratorische Umfangdifferenz in Mamillenhöhe ≥ 5 cm)
☐ o.B. ☐ Befund: ....
....

9. Lunge:
(Perkussion, Auskultation)
☐ o.B. ☐ Befund: ....
....

10. Herz / Kreislauf:
(Perkussion, Auskultation, patholog. Herzgeräusche bedürfen kardiologischer Abklärung)
☐ o.B. ☐ Befund: ....
....

RR: rechts: ....../......mm Hg   links: ....../...... mm Hg   Puls: ....../min

11. Abdomen:

(Leber- oder Milzvergrösserung, pathologische Resistenzen, Hernien)

☐ o.B. ☐ Befund: ....

....

12. Urogenitaltrakt:

(Nierenlager-Klopfschmerz)

☐ o.B. ☐ Befund: ....

....

13. Bewegungsapparat:

(Kyphose, Skoliose; Druck- oder Klopfschmerz bzw. Blockierung der HWS, BWS, LWS; Bewegungseinschränkungen der Extremitätengelenke; Beschwerden bei Belastung)

☐ o.B. ☐ Befund: ....

....

14. Zentrales / peripheres Nervensystem:

(Gesichts- und Schluckmotorik; Extremitätenmotorik: Atrophien, Paresen; Reflexstatus; Koordination der Motorik; Fingertremor; Romberg; Sensibilität: halbseitiger, radikulärer, peripherer Ausfall; frontale Zeichen; neurologische Ausfälle bedürfen fachärztlicher Abklärung)

☐ o.B. ☐ Befund: ....

....

15. Psyche:

(Angstreaktionen; Klaustro- oder Agoraphobie; Paniksyndrom; psychot. Zeichen; Suchtkrankheit incl. Alkohol; paranoide Reaktionen; Halluzinationen; Stimmungslage: gehoben / depressiv; Antriebsminderung; verlangsamte Reaktion; posttraumat. Stress-Syndrom; sonstige Verhaltensstörungen)

☐ o.B. ☐ Befund: ....

....

SPEZIELLE UNTERSUCHUNGEN

16. Thorax-Röntgen:

(bei Erstuntersuchung empfohlen; ansonsten nur indiziert, wenn ein entsprechender klinischer Befund vorliegt)

☐ o.B. ☐ Befund: ....

....

....

17. Lungenfunktion:

(obligat; obstruktive / restriktive Ventilationsstörung; ggf. Bodyplethysmographie; Provokationstests nur durch den Lungenfacharzt)

	Soll-Wert [l]	Ist-Wert [l]	% der Norm
Ruhe-Vitalkapazität (VC)			
Forcierte Vitalkapazität (FVC)			
Absolute Sekundenkapazität (FEV_1)			
Quotient FEV_1 / VC			

☐ o.B. ☐ Befund: ....

....

....

18. Ruhe-EKG:

(obligat; Rhythmus, Frequenz, Lagetyp, Blockbilder, Rhythmusstörungen, Präexcitationssyndrom)

☐ o.B. ☐ Befund: ....

....

19. Ergometrie mit Ausbelastung:

(fakultativ; ab 40. Lebensjahr und ≥ 2 Risikofaktoren obligat)

Belastungsart: ☐ Fahrradergometer (sitzend / liegend)
☐ Laufband

Belastungs-EKG:
(Rhythmusstörungen, Ischämiezeichen)

☐ o.B. ☐ Befund: ....
....

Leistungsbewertung:
(Abbruchkriterien, Leistungsfähigkeit, Pulserholung nach Belastungsende, Blutdruckverhalten, Trainingsempfehlung)

....
....
....

20. Labor:

(fakultativ)

Blutbild:		Sonstiges:		Harnstreifentest:	
Hb:	g/dl	BSG:	/ mm/h	Glukose:	neg / pos
Erys:	mio/Ul	BZ nü:	mg/dl	Proteine:	neg / pos
Leukos:	/uL			Erys:	neg / pos

☐ o.B. ☐ weitere Untersuchungen: ....
....

ZUSAMMENFASSUNG

Risikofaktoren:

☐ keine ☐ Art: ....
....

Gesamtbeurteilung:

☐ tauchtauglich ☐ ohne Einschränkungen
☐ mit Einschränkungen: ....
....

☐ nicht tauchtauglich ☐ Begründung: ....
....
....

Nachuntersuchung:

☐ nicht erforderlich ☐ in 3 Jahren ☐ in 1 Jahr ☐ in .... Monat(en)

Datum: .... Unterschrift /Stempel des Arztes: ....

ÖGTH

MEDIZINISCHE VORSORGEUNTERSUCHUNG VON SPORTTAUCHERN

nach den Richtlinien der Österreichischen Gesellschaft für Tauch- und Hyperbarmedizin (ÖGTH)

Arztstempel

Teil A

PERSONALIEN

Name, Vorname: .... Geb. Datum: ....
Adresse: .... Beruf: ....
Tel./Fax: .... Hausarzt: ....

SPORTLICHE BETÄTIGUNG

Gerätetauchen seit: .... Anzahl der Tauchgänge: ....

Tauchverfahren:
☐ offene Systeme ☐ Kreislaufgeräte ☐ Mischgastauchen ☐ Höhlentauchen
☐ Wracktauchen ☐ Einsatz- bzw. Rettungstauchen ☐ Tauchlehrer bzw. -ausbilder

Sonstige Sportarten: ....
☐ fallweise ☐ regelmässig, ... mal wöchentlich

KRANKHEITSVORGESCHICHTE

☐ **GESAMTE** Vorgeschichte
oder
☐ **ERGÄNZUNGEN** seit der letzten Untersuchung vom: ....
(nur möglich, wenn der Untersuchungsbogen der letzten Untersuchung dem Arzt vorliegt)

1. Hatten Sie jemals einen Tauchunfall oder Tauchzwischenfall?
(Dekompressionsunfall, Luftembolie, Barotrauma, Trommelfellriss, Schwindel oder häufiger Kopfschmerz beim Tauchen)
☐ nein ☐ ja: ....
....

2. Hatten Sie Krankenhaus- oder Heilstättenbehandlungen, Operationen, schwerere Verletzungen oder Unfälle?
☐ nein ☐ ja: ....
....
....

Seiten 2-6 sind identisch mit dem GTÜM-Formular

Name / Vorname: ______________________
Geburtsdatum: ______________________
Strasse / PLZ / Wohnort: ______________________
Telefon: ______________________
Berufliche Tätigkeit: ______________________
Krankenversicherung: ______________________

SGUHM
SSMSH
SSMSI
SUHMS

ERSTUNTERSUCHUNG

Anamnese (vom Arzt auszufüllen):

Ziel der Anamnese und der Untersuchung ist es, eventuelle Ausschlusskriterien für das Tauchen zu erfassen. Diese sind im Manual der SGUHM einzeln besprochen und müssen wo nötig weiter abgeklärt werden. [Manualbestellungen bei SUHMS@datacomm.ch]

1. Motivation fürs Tauchen
(frühere Tauchtätigkeit, Wassersport)

2. Sportliche Tätigkeiten, Trainingshäufigkeit
Frühere sportärztliche Untersuchungen, wo
Arbeitsunfähigkeit in den letzten drei Jahren
Militärdiensttauglichkeit

3. Gewicht, Grösse, Änderungen

4. Hospitalisationen
Operationen, Unfälle

5. Medizinische Abklärungen
Gegenwärtige ärztliche Behandlung

6. Medikamente (früher oder heute)
Drogen, Alkohol

7. Rauchen

8. Allergien, Konjunktivitis, Rhinitis, Asthma, Ekzem

9. Ohrenprobleme
Mittelohrenentzündungen, Trommelfellruptur
Schwerhörigkeit (auch einseitig)

10. Schwindel, Bewusstlosigkeit

11. Nebenhöhlenerkrankungen

12. Zahnprobleme, Prothesen

13. Respiratorische Probleme
(Dyspnoe, Husten, Auswurf, Pneumothorax, Asthma)

14. Frühere oder gegenwärtige kardiovaskuläre Probleme
(Rhytmusstörungen, Blutdruck)

15. Diabetes mellitus, andere Stoffwechselkrankheiten

16. Bewegungsapparat (Rücken-, Gelenkschmerzen, Rheuma, Arthrosen, Unfallfolgen)

17. Visus (eventuell Brille oder Kontaktlinsen)

18. Krampfanfälle, Hyperventilation

19. Depressionen, Panikreaktion, Platzangst

20. Schwangerschaft

Status:

Die beschriebenen Untersuchungen stellen ein Minimum dar. Bei anamnestischem Verdacht oder auffälligen Befunden sind weitere Abklärungen notwendig (siehe Kontraindikationenliste). Weitergehende Untersuchungen gelten als Krankheitsabklärung und stehen ausserhalb der prophylaktischen sportärztlichen Untersuchung.

Otoskopie mit Valsalvapüfung
(Trommelfell-Beweglichkeit, -Narben), einfacher Hörtest

Untersuchung von Rachen und Gebiss

Lungen- und Herzauskultation, Blutdruckmessung, Puls,
Erstsekundenvolumen und Vitalkapazität (eventuell Peak flow)
(Elektrokardiogramm ab 50 Jahren empfohlen)

Thoraxröntgen empfohlen,
ab 50 Jahren obligatorisch (nicht älter als 2 Jahre)

Kursorische Untersuchung des Abdomens (Hernien, Narben, Resistenzen),
des Skeletts und Nervensystems, verschärfter Romberg-Test

Beurteilung der Psyche (vgl. Kontraindikationenblätter)

Beurteilung / Bemerkungen:

Datum / Ort

Unterschrift / Stempel des Arztes:

Unterschrift Tauchkandidat: ....

TAUGLICHKEITSUNTERSUCHUNG FÜR DAS SPORTTAUCHEN

Name / Vorname: ______________________________
Geburtsdatum: ______________________________
Strasse / PLZ / Wohnort: ______________________________
Telefon: ______________________________
Berufliche Tätigkeit: ______________________________
Krankenversicherung: ______________________________

SGUHM
SSMSH
SSMSI
SUHMS

KONTROLLUNTERSUCHUNG

Bei Arztwechsel wird empfohlen, das Erstuntersuchungsprotokoll zu verwenden.

Anamnese (vom Arzt auszufüllen):

Zeitpunkt der letzten Untersuchung
Bei welchem Arzt?

Unfälle, Krankheiten oder Spitalaufenthalte
Medikamente
Arbeitsunfähigkeit über 3 Wochen

Lebensgewohnheiten
(sportliche Aktivitäten, Nikotin, Alkohol)

Gewichtsänderungen

Taucherfahrung
Anzahl und Regelmässigkeit der Tauchgänge

Tauchzwischenfälle

Symptome oder Probleme beim Tauchen:

O Schmerzen nach einem Tauchgang
O Passagere Gefühlsstörungen
O Kopfweh
O Hautsymptome
O Muskel- oder Gelenkschmerzen
O Druckausgleich
O Schwindel
O Tiefenrausch
O Erschöpfung
O Panikreaktion

Status:

Otoskopie mit Valsalva

Herz, Lunge, Blutdruck, Puls, verschärfter Romberg-Test

Wie bei Erstuntersuchungen sind bei anamnestischem Verdacht oder auffälligen Befunden weitere Abklärungen notwendig. [Manualbestellungen bei SUHMS@datacomm.ch].

Beurteilung / Bemerkungen:

Datum / Ort

Unterschrift / Stempel des Arztes

Unterschrift Tauchkandidat: ....

Tauglichkeitszeugnis / Schlussbesprechung

1. Dem Taucher soll nach der Untersuchung ein Zeugnis ausgestellt werden, das bestätigt, dass keine relevanten Kontraindikationen vorliegen. Es enthält keine medizinische Details.
2. Auf dem Zeugnis werden nur Einschränkungen festgehalten, die für den Tauchleiter oder Tauchlehrer unmittelbar relevant sind. Das Arztgeheimnis ist dabei zu respektieren. Möglichkeiten einschränkender Texte sind auf den Kontraindikationenblättern im nächsten Abschnitt aufgeführt. Bei Behinderungen ist zu vermerken "im Rahmen des Tauchens mit eingeschränkter Leistungsfähigkeit", bei Kindern "im Rahmen des Kindertauchens". In Frage kommen auch Einschränkungen für eine der unter Sporttauchen (englisch "restricted recreational diving") eingeschlossenen Taucharten.
3. Persönliche einschränkende Empfehlungen und Weisungen, welche den Taucher bei Tauchanbietern möglicherweise diskriminieren würden, gehören nicht auf das Attest, müssen aber nach ausführlicher Erörterung mit dem Tauchkandidaten auf dem ärztlichen Protokoll festgehalten werden (evtl. mit Visum des Tauchers).
4. Bestandteil des abschliessenden Gesprächs ist auch eine Beratung grundsätzlicher Art, die dem Erfahrungsgrad des Tauchers angemessen sein sollte. Das Tauglichkeitszeugnis kann nicht als Garantie gegen ein Auftreten von Zwischenfällen beim Tauchen angesehen werden.

GESELLSCHAFT FÜR TAUCH- UND ÜBERDRUCKMEDIZIN e. V.
UNDERWATER AND HYPERBARIC MEDICAL SOCIETY
SOCIETE DE MEDECINE SUBAQUATIQUE ET HYPERBARE
SOCIEDAD DE MEDICINA SUBACUATICA E HIPERBARICA

ÄRZTLICHES ZEUGNIS:	TAUGLICHKEIT FÜR DAS SPORTTAUCHEN
MEDICAL CERTIFICATE:	FITNESS FOR RECREATIONAL SCUBA DIVING
CERTIFICAT MEDICAL:	APTITUDE A LA PLONGEE SPORTIVE
CERTIFICADO MEDICO:	APTITUD PARA EL BUCEO RECREATIVO CON ESCAFANDRA

NAME / NAME / NOM / NOME

Oben genannte Person ist heute gemäss den Richtlinien (Ausgabe 2000) der Gesellschaft für Tauch- und Überdruckmedizin e. V. (GTÜM e. V.) auf die Tauglichkeit zum Gerätetauchen untersucht worden. Aufgrund der Untersuchung liegen keine Hinweise auf Leiden vor, welche eine absolute Kontraindikation darstellen.

This person has been examined following the fitness-to-dive guidelines (edition 2000) of the Underwater and Hyperbaric Medical Society (GTÜM e.V.) for recreational SCUBA diving. No medical condition considered to present an absolute contraindication to diving has been found.

La personne susmentionnée a subi aujourd'hui un examen médical pratiqué selon les recommandations (édition 2000) de la Société de Médecine Subaquatique et Hyperbare (GTÜM e. V.). Cet examen n'a pas mis en évidence de contre-indication absolue à la pratique de la plongée en scaphandre autonome.

Se ha realizado un reconocimiento médico siguiendo las recomendaciones de 2000 sobre aptitud para el buceo recreativo con escafandra de la Sociedad de Medicina Subacuática e Hiperbárica (GTÜM e. V.). No se ha detectado ninguna contraindicación absoluta para el buceo.

EINSCHRÄNKUNGEN / LIMITATIONS /
RESTRICTION / RESTRICCIÓNES

NACHUNTERSUCHUNG / NEXT EXAMINATION / EXAMEN ULTERIEUR / PROXIMO EXAMEN

ORT, DATUM / PLACE, DATE / LIEU, DATE / LUGAR, FECHA

ARZT (STEMPEL, UNTERSCHRIFT) / PHYSICIAN (STAMP, SIGNATURE) /
MÉDECIN (TIMBRE, SIGNATURE) / MEDICO (SELLO, FIRMA)

ÖSTERREICHISCHE GESELLSCHAFT FÜR TAUCH- UND HYPERBARMEDIZIN
AUSTRIAN UNDERWATER AND HYPERBARIC MEDICAL SOCIETY
SOCIETE AUTRICHIENNE DE MEDECINE SUBAQUATIQUE ET HYPERBARE
SOCIEDAD AUSTRIACA DE MEDICINA SUBACUATICA E HIPERBARICA

ÄRZTLICHES ZEUGNIS:	TAUGLICHKEIT FÜR DAS SPORTTAUCHEN
MEDICAL CERTIFICATE:	FITNESS FOR RECREATIONAL SCUBA DIVING
CERTIFICAT MEDICAL:	APTITUDE A LA PLONGEE SPORTIVE
CERTIFICADO MEDICO:	APTITUD PARA EL BUCEO RECREATIVO CON ESCAFANDRA

ÖSTERREICHISCHE GESELLSCHAFT FÜR TAUCH- UND HYPERBARMEDIZIN

NAME / NAME / NOM / NOME

Oben genannte Person ist heute gemäss den Richtlinien der Österreichischen Gesellschaft für Tauch- und Hyperbarmedizin (Ausgabe 2000) auf die Tauglichkeit zum Gerätetauchen untersucht worden. Aufgrund der Untersuchung liegen keine Hinweise auf Leiden vor, welche eine absolute Kontraindikation darstellen.
This person has been examined following the fitness to dive guidelines of the Austrian Underwater and Hyperbaric Medical Society (edition 2000) for recreational SCUBA diving. No medical condition considered to present an absolute contraindication to diving has been found.
La personne susmentionnée a subi aujourd'hui un examen médical pratiqué selon les recommandations de la Société Autrichienne de Médecine Subaquatique et Hyperbare (édition 2000). Cet examen n'a pas mis en évidence de contre-indication absolue à la pratique de la plongée en scaphandre autonome.
Se ha realizado un reconocimiento médico siguiendo las recomendaciones de 2000 sobre aptitud para el buceo recreativo con escafandra de la Sociedad Austríaca de Medicina Subacuática e Hiperbárica. No se ha detectado ninguna contraindicación absoluta para el buceo.

EINSCHRÄNKUNGEN / LIMITATIONS /
RESTRICTION / RESTRICCIÓNES

NACHUNTERSUCHUNG / NEXT EXAMINATION / EXAMEN ULTERIEUR / PROXIMO EXAMEN

ORT, DATUM / PLACE, DATE / LIEU, DATE / LUGAR, FECHA

ARZT (STEMPEL, UNTERSCHRIFT) / PHYSICIAN (STAMP, SIGNATURE) /
MÉDECIN (TIMBRE, SIGNATURE) / MEDICO (SELLO, FIRMA)

ÄRZTLICHES ZEUGNIS: TAUGLICHKEIT FÜR DAS SPORTTAUCHEN
CERTIFICAT MEDICAL: APTITUDE A LA PLONGEE SPORTIVE
CERTIFICATO MEDICO: IDONEITA MEDICA ALL'IMMERSIONE SUBACQUEA SPORTIVA
MEDICAL CERTIFICATE: FITNESS FOR RECREATIONAL SCUBA DIVING

NAME / NOM / NOME

Obgenannte Person ist heute gemäss den Richtlinien der SGUHM für die Tauglichkeit zum Gerätetauchen untersucht worden. Aufgrund der Untersuchung liegen keine Hinweise für Leiden vor, die eine absolute Kontraindikation darstellen.

La personne susmentionnée a subi aujourd'hui un examen médical pratiqué selon les recommandations de la SSMSH. Cet examen n'a pas mis en évidence de contre-indication absolue à la pratique de la plongée en scaphandre autonome.

La persona summenzionata è stata visitata secondo le direttive della SSMSI per l'idoneità medica all'immersione sportiva. Non ho riscontrato condizioni patologiche che rappresentino una controindicazione assoluta all'immersione subacquea sportiva con autorespiratore.

This person has been examined following the fitness-to-dive-guidelines of the Swiss Underwater and Hyperbaric Medical Society for recreational SCUBA diving. No medical condition considered to present an absolute contraindication to diving has been found.

EINSCHRÄNKUNGEN / LIMITATIONS / LIMITAZIONE:
NACHUNTERSUCHUNG / PROCHAIN EXAMEN / PROSSIMA VISITA / NEXT ASSESSMENT:

ARZT (UNTERSCHRIFT, STEMPEL) / MEDECIN (SIGNATURE, TIMBRE)
MEDICO (FIRMA, BOLLO) / PHYSICIAN (SIGNATURE, STAMP)

ORT / DATUM / LIEU / DATE / LUOGO / DATA / PLACE / DATE

SCHWEIZERISCHE GESELLSCHAFT FÜR UNTERWASSER- UND HYPERBARMEDIZIN — SGUHM
SOCIETE SUISSE DE MEDECINE SUBAQUATIQUE ET HYPERBARE — SSMSH
SOCIETA SVIZZERA DI MEDICINA SUBACQUEA ED IPERBARICA — SSMSI
SWISS UNDERWATER AND HYPERBARIC MEDICAL SOCIETY — SUHMS

Nachschlageteil Kontraindikationen

Hals-Nasen-Ohren

Inhaltsverzeichnis

Hals-Nasen-Ohren

Einführung

Spezifische ORL-Probleme treten beim Tauchen in Form von Barotraumen auf. Unter einem Barotrauma versteht man eine Gewebeschädigung durch Druckunterschiede. Beim Abtauchen steigt der Druck auf Mittelohr und Nasennebenhöhlensystem. Zur Gewährleistung des Druckausgleichs muss somit Gas in diese luftgefüllten Räume einströmen können. Für die Belüftung der Paukenhöhle, die über die Tuba Eustachii erfolgt, sind in den meisten Fällen Druckausgleichsmanöver notwendig.

Sind die Belüftungszugänge durch eine entzündlich geschwollene Schleimhaut verlegt, so entsteht vor diesen Höhlen ein Überdruck und in ihnen selbst ein relativer Unterdruck, der seinerseits zu Schleimhautschwellung, Transsudation und Blutungen führen kann. Ein Trommelfell kann einreissen, und es kommt zum Einströmen von kaltem Wasser ins Mittelohr, was eine Labyrinthreizung mit Drehschwindel, Übelkeit und Erbrechen zur Folge hat. Muss beim Valsalvamanöver unverhältnismässig viel Druck aufgewendet werden, kann es zur Trommelfellperforation und im schlimmsten Fall zu einer Perilymphfistel infolge einer Ruptur des runden oder in selteneren Fällen des ovalen Fensters kommen. Aber auch ohne nachweisbare Fisteln können akute cochleovestibuläre Störungen auftreten, die auf akute Druckerhöhungen im Innenohr zurückzuführen sind und typischerweise schon während des Tauchganges auftreten (Innenohrbarotrauma). Eine weitere Erklärung hierfür besteht in der Annahme, dass beim Auftauchen entstehende Mikroblasen im Bereich der Cortilymphe zur direkten Schädigung durch Verdrängung führen können oder im Sinne einer Mikroembolie die kapilläre vestibulocochleäre Perfusion stören.

Die Dekompressionskrankheit des Innenohres ist nachgewiesen, tritt aber als isoliertes Krankheitsbild fast ausschliesslich bei Tieftauchgängen von Berufstauchern oder bei "rapid-ascents" im Rahmen von Dekotauchgängen auf.

Beim Auftauchen muss das sich ausdehnende Gas aus den Schädelhöhlen entweichen können. Andernfalls entsteht ein Überdruck im Bereiche des Nasennebenhöhlensystems, was zu Schmerzen und über das Mittelohr wiederum zu einer Innenohrstörung führen kann. Diese äussert sich in Form eines Hörverlustes, eines Tinnitus oder eines Ausfalls des Labyrinthes mit Schwindel, Übelkeit und Erbrechen.

Besonders zu erwähnen ist der alternobare Schwindel. Es handelt sich dabei um Schwindelanfälle beim Tauchen, welche nach kurzer Zeit an der Wasseroberfläche spontan wieder verschwinden. Die Ursache liegt vermutlich in einem nicht genau zur gleichen Zeit stattfindenden Druckausgleich des rechten und des linken Ohres, was zu einer Reizung des Innenohres führt und diesen Schwindel verursachen kann. Bis zu 30% der Taucher geben an, solche Schwindel schon einmal erlebt zu haben. Der alternobare Schwindel wird als harmlos angesehen.

Schleimhautabschwellende Medikamente können ausnahmsweise erlaubt werden, stellen aber sicher keine langfristige Lösung eines Druckausgleichsproblems dar. Der Taucher muss auf die Gefahr des Rebound-Phänomens hingewiesen werden.

Das Mittelohr mit seinen sensiblen anatomischen Begrenzungen stellt neben der Lunge den verletzungsanfälligsten Organbereich beim Tauchen dar. Durch die in den letzten Jahren erfolgte Weiterentwicklung der Mittelohrchirurgie mit neuen Prothesenmaterialien und Operationstechniken, braucht es für die betroffene Gruppe eigene Bewertungskriterien. Auf internationaler Ebene besteht diesbezüglich noch keine völlige Übereinstimmung der Meinungen.

Gehörverbesserungen im Mittelohr werden je nach Situation mit Keramik-, meist jedoch mit Edelmetallimplantaten durchgeführt. Sie ersetzen einen Teil der Gehörknöchelchen-Kette (PORP=Partial Ossicular Replacement Prosthesis) und stellen eine Verbindung zwischen Stapes und Trommelfell dar. Der TORP (Total Ossicular Replacement Prosthesis) steht zwischen der Fussplatte und dem Trommelfell. Bei der starren Verbindung durch einen TORP ist eine druckbedingte Penetration ins Innenohr eher möglich als bei der Versorgung mit einem PORP, da hier eine weitere Gelenkverbindung erhalten ist und der Druck zudem auf das gesamte, äusserst stabile Ringband der Fussplatte verteilt wird. Der TORP steht direkt auf der dünnen knöchernen Fussplatte, die ausgedünnt werden und manchmal auch spontan perforieren kann.

Voraussetzung für eine Tauglichkeit ist in jedem Fall eine ungestörte Ventilation der Pauke, ein gut eingeheiltes, stabiles Transplantat und die zwingende Vermeidung eines forcierten Valsalvamanövers.

Die Stapesplastik bedarf einer besonderen Betrachtung, da hier bislang ein Tauchverbot ausgesprochen wurde, welches nun nach mehrheitlicher Meinung der ohrchirurgisch tätigen Experten im deutschsprachigen Raum unter bestimmten Kriterien aufgehoben werden kann. Eine druckbedingte Perilymphfistel ist nach Ausheilung nicht häufiger zu erwarten als sie spontan oder beim Pressen unter normobaren Bedingungen auftritt.

Bei maximaler, druckbedingter Einwärtsbewegung des Trommelfells kommt es zu keiner weiteren Einwärtsbewegung der Prothese Richtung Innenohr. Kommt es hierbei nicht zu Schwindelsymptomen, sind solche beim Tauchen auch nicht zu erwarten. Die entsprechende Untersuchung, die hier gefordert wird, ist die Suche nach einem Nystagmus während der Impedanzprüfung. Nur so kann eine prothesenbedingte Vestibularisirritation ausgeschlossen oder bestätigt werden.

Die technische Entwicklung erlaubt heute, und in Zukunft sicherlich häufiger, die Implantation von Hörgeräten ins Mittelohr zum Ausgleich von Innenohrschwerhörigkeiten. Hierzu werden Mikrofone, Sprachprozessoren und mechanische Ankopplungssysteme implantiert, die je nach Bauart tauchkompatibel sind. Eine Rücksprache mit dem Operateur ist sinnvoll (s. auch Kap. 1.16).

TICA: komplett implantiertes aktives Mittelohrimplantat mit einem subkutan im Gehörgang gelegenen Mikrofon, welches nicht druckstabil ist.

ENVOY: ist bis 10 m Tauchtiefe druckstabil; extern getragene Komponenten müssen entfernt werden.

SYMPHONIX: tauchtaugliches, aktives Mittelohrimplantat; die externe Komponente muss vor dem Tauchen abgenommen werden.

RETRO X: ist ein teilimplantierbares Hörgerät, wobei über einen zusätzlich angelegten zweiten Gehörgang ein Hörgerät adaptiert ist, welches vorher entfernt werden muss.

Bei der Einlage eines Cochleaimplants zur Rehabilitation Gehörloser oder beinahe Gehörloser werden unter Zerstörung der Innenohrstrukturen Elektrodenbündel in die Cochlea vorgeschoben, die, durch einen externen Sprachprozessor gesteuert, Hörempfindungen hervorrufen. Dadurch kommt es zu einem irreversiblen Ausfall des Vestibularorgans mit entsprechender Symptomatik, der im Laufe der Zeit jedoch zentral kompensiert werden kann. Bei unauffälligen vestibulären Provokationstests besteht Tauchtauglichkeit. Die extern getragenen Komponenten müssen entfernt werden. Das Gummiband der Tauchermaske kann die Kabelverbindung an der Eintrittstelle beschädigen. Grundsätzlich ist hier die Tauglichkeit aufgrund kommunikativer Ausbildungsschwierigkeiten nur im Rahmen des Behindertentauchens gegeben. Eine Rücksprache mit dem betreuenden Operateur ist sicher sehr wertvoll.

Bei beidseitiger Versorgung, respektive beidseitigem Vestibularisausfall, ist die Tauchtauglichkeit nicht gegeben, da die visuelle Kontrollfunktion durch die brechungsbedingten Phänomene der Taucherbrille deutlich gestört wird.

1.1 Cerumen obturans, Gehörgangsfremdkörper und -tumoren

Gefahr:

Otitis externa, Myringitis, Trommelfellperforation

Abklärung:

Otoskopie, Reinigung des Gehörganges, mechanische Verlegung?

Kontraindikationen:

- **Absolute:**
  Bei Verschluss des Gehörganges bis zur Behebung der Obstruktion und Klärung des Trommelfellbefundes

1.2 Gehörgangsexostosen, Gehörgangsatresie

Gefahr:

Otitis externa, mögliche entzündliche Trommelfellperforation

Barotrauma des Mittel/Innenohres

Krankheitsbilder, Diagnosen:

- Knöcherne Vorwölbungen im äusseren Gehörgang
- Gehörgang unvollständig oder nicht angelegt

Abklärung:

Otoskopie. Bei nicht beurteilbarem Trommelfell Beurteilung durch Facharzt erforderlich

Kontraindikationen:

- **Absolute:**
  Bei nicht beurteilbarem Trommelfell und Atresie
- **Keine Kontraindikation:**
  Bei intaktem Trommelfell oder normaler Tympanometrie
  Status nach erfolgreicher Gehörgangsoperation

1.3 Otitis externa

Gefahr:

Barotrauma bei Exacerbation mit Gehörgangsverschluss, Trommelfellperforation

Krankheitsbilder, Diagnosen:

- Stadium 1: Schuppung, Juckreiz, evtl. Rötung
- Stadium 2: Leichte Schwellung, Rötung und Schmerzen
- Stadium 3: Zugeschwollener Gehörgang, regionäre Lymphknotenschwellung

Abklärung:

Otoskopie, Bewegungsschmerz der Ohrmuschel

Kontraindikationen:

- **Absolute:**
  Stadium 3, Trommelfell nicht einsehbar
- **Relative:**
  Stadium 2

  Empfehlung:
  Tauchen nur bei problemlosem Druckausgleich und sich bessernder Symptomatik.
- **Keine Kontraindikation:**
  Stadium 1

1.4 Traumatische Trommelfellperforation

Gefahr:

Labyrinthreizung, Orientierungsverlust, Nausea, Erbrechen

Otitis media

Krankheitsbilder, Diagnosen:

- Trommelfellruptur nach mechanischer Einwirkung (Barotrauma)

Abklärung:

Otoskopie

Positives Durchblasegeräusch beim Druckausgleich (Valsalva)

Kontraindikationen:

- **Absolute:**
  Vorhandene Perforation
- **Relative:**
  Nach Abheilung der Perforation gemäss Empfehlung des Facharztes

  Empfehlung:
  Bestätigung und evtl. fachärztliche Beurteilung der Narbenverhältnisse (Vergleiche auch 1.6)

1.5 Paukenröhrchen

Gefahr:

Labyrinthreizung, Schwindel, Nausea, Erbrechen

Otitis media

Krankheitsbilder, Diagnosen:

- Ventilationsröhrchen im Trommelfell zur Drainage bei chronischem Tubenmittelohrkatarrh

Abklärung:

Anamnese, Otoskopie

Beurteilung bei Status nach Paukenröhrchen evtl. durch Facharzt

Kontraindikationen:

- **Absolute:**
  Paukenröhrchen in situ
  Noch vorhandene Perforation nach Entfernung der Paukenröhrchen
- **Relative:**
  Nach Abheilung der Perforation und guter Tubenfunktion

  Empfehlung:
  Bestätigung und evtl. fachärztliche Beurteilung der Narbenverhältnisse. (Vergleiche auch 1.6)

1.6 Trommelfellnarben , Tympanosklerose und Atelektase der Pauke

Gefahr:

Trommelfellruptur, akuter Schwindel, Nausea, Erbrechen

Krankheitsbilder, Diagnosen:

- Hypertrophe (sklerotische) Narben
- Atrophe Narben

Abklärung:

Otoskopie: - Grösse des Narbenareals
- Ausmass der Vorwölbung beim Valsalva, Impedanzprüfung

Beurteilung durch Facharzt

Kontraindikationen:

- **Absolute:**
  Paukenatelektasen
- **Relative:**
  Atrophe und grosse Narben

  Empfehlung:
  Taucherfahrene: eventuelle Einschränkungen durch Facharzt, wenn möglich mit tauchmedizinischer Erfahrung. Anfängern mit atrophen und grossen Narben ist vom Tauchen eher abzuraten.
- **Keine Kontraindikation**
  Kleine, hypertrophe Narben und Tympanoskleroseplaques

1.7 Akuter Tubenmittelohrkatarrh

Gefahr:

Mittelohr- und/oder Innenohrbarotrauma

Krankheitsbilder, Diagnosen:

- Verschluss der Tube als Folge eines viralen/bakteriellen Infektes der oberen Luftwege

Abklärung:

Otoskopie und Prüfung des Druckausgleiches, evtl. Impedanzprüfung

Kontraindikationen:

- **Absolute:**
  Akutes Stadium
- **Keine Kontraindikation:**
  Nach abgelaufener Erkrankung und guter Tubenfunktion

1.8 Chronischer oder rezidivierender Tubenmittelohrkatarrh

Gefahr:

Mittelohr- resp. Innenohrbarotrauma

Krankheitsbilder, Diagnosen:

- Adhäsivprozess, Retraktionstaschen, Mukotympanon infolge
- Chronischer Tubenfunktionsstörung bei anatomischer Verlegung oder einer Dysfunktion (z.B. Gaumenspalten)

Abklärung:

Durch Facharzt

Kontraindikationen:

- **Absolute:**
  bei gestörtem Druckausgleich
  bei ausgeprägten Folgezuständen (Retraktionstaschen, Adhäsivprozesse und Atelektasen)
- **Relative:**
  bei problemloser Tubenfunktion und nur leichtgradigen Folgezuständen

1.9 Akute Otitis media

Gefahr:

Trommelfellperforation, Barotrauma des Mittelohres/Innenohres

Krankheitsbilder, Diagnosen:

- Virale oder bakterielle Mittelohrentzündung

Abklärung:

Otoskopie

Kontraindikationen:

- **Absolute:**
  Otitis media im akuten Studium
- **Keine Kontraindikation:**
  Abgeheilte Otitis media mit intaktem Trommelfell und guter Tubenfunktion

1.10 Chronische Otitis media (Trommelfellperforation)

Gefahr:

Labyrinthreizung mit Drehschwindel, Orientierungsverlust, Nausea, Erbrechen

Akute Infektion

Krankheitsbilder, Diagnosen:

- Trommelfellperforation mit und ohne Otorrhoe seit mindestens drei Monaten
- Cholesteatom

Abklärung:

Otoskopie

Abklärung durch Facharzt

Kontraindikationen:

- **Absolute:**
  Immer
- **Relative:**
  Zustand nach operativer Sanierung : siehe 1.13 ff
  Abheilung mit intaktem Trommelfell und guter Tubenfunktion

  Empfehlung:
  Beratung gemäss 1.6 (Trommelfellnarben)

1.11 Status nach Myringoplastik, mit/ohne Mastoidektomie

Gefahr:

Erneute Perforation

Krankheitsbilder, Diagnosen:

- Operativer Verschluss einer Trommelfellperforation

Abklärung:

Anamnese, Operations-Bericht

Otoskopie

Beurteilung durch Facharzt

Kontraindikationen:

- **Absolute:**
  persistierende Tubendysfunktion
- **Relative:**
  Atrophe Bezirke

  Empfehlung:
  Druckausgleich nicht forcieren! Evtl. spezielle Hinweise durch den Facharzt
- **Keine Kontraindikation:**
  Drei Monate postoperativ bei gut eingeheiltem Transplantat

1.12 Status nach Radikaloperation des Ohres (Canal-wall-down)

Gefahr:

Labyrinthreizung mit Schwindel, Übelkeit, Erbrechen

Orientierungsverlust

Krankheitsbilder, Diagnosen:

- Ausgedehnte Operation des Mittelohres und des Mastoids

Abklärung:

Anamnese, Operations-Bericht

Otoskopie

Kontraindikationen:

- **Absolute:**
  In jedem Fall !

1.13 Status nach gehörverbessernder Operation ohne Eröffnung des Innenohres

Gefahr:

Luxation der Prothesen, Reperforation, Prothesenpenetration ins Vestibulum, Schwindel, Ertaubung

Krankheitsbilder, Diagnosen:

- Status nach Rekonstruktion der Gehörknöchelchenkette bei Schalleitungsschwerhörigkeit (z.B. Total Ossicular Replacement Prothesis TORP
- Partial Ossicular Replacement Prothesis PORP, Incustransposition)

Abklärung:

Anamnese, OP-Bericht, Otoskopie. Wenn nicht sowieso eine Kontraindikation, Abklärung durch den Facharzt

Kontraindikationen:

- **Absolute:**
  TORP
- **Relative:**
  Bei PORP oder Incustransposition, bei guter Tubenfunktion und nicht forciertem Valsalva

  Empfehlung:
  Information des Patienten über mögliche Risiken. Spezifische Empfehlungen sind durch den Facharzt abzugeben (Vergleiche auch Kapiteleinführung)

1.14 Gehörverbessernde Operationen mit Eröffnung des Innenohres, Perilymphfistel-Revision

Gefahr:

Prothesenpenetration mit Innenohrschädigung, Schädigung nicht druckfester Komponenten (Prozessor, Mikrofone), Schäden des Elektrodenbündels (siehe Einführung), Schwindel, Orientierungsverlust bei beidseitigem Labyrinthausfall bei evtl. gleichzeitig fehlender visueller Kontrolle, Perilymphfistel

Krankheitsbilder, Diagnosen:

- Rekonstruktion der Gehörknöchelchenkette mit Eröffnung des Innenohres (Stapedotomie, Stapedektomie, Malleovestibulopexie)
- Elektrodenimplantation ins Innenohr (Cochleaimplantat) oder eines aktiven Mittelohrimplantats zur Hörverbesserung
- Zustand nach Perilymphfistel Revision (Ruptur des runden oder ovalen Fensters, z.B. durch Barotrauma oder auch spontan)

Abklärung:

Operations-Bericht, Abklärung durch Facharzt mit Taucherfahrung,
bei Mittelohrrekonstruktion: Provokationstest (Nystagmusprüfung während der Impedanzprüfung), siehe Einführung

Kontraindikationen:

- **Absolute:** Bei allen Eingriffen bis 3 Monate postoperativ sowie bei Persistenz einer vestibulären Symptomatik, beidseitiger Vestibularis Ausfall, Mittelohrimplantat TICA

- **Relative:** Cochleaimplantate (einseitig), wenn vestibulär voll kompensiert, Mittelohrimplantat "SYMPHONIX" ist drucktauglich, "ENVOY" bis 10 m

  Empfehlung: *Hinweis auf Beschädigungsmöglichkeit der Elektroden an der Eintrittsstelle. Externe Komponenten sind nicht drucktauglich und müssen entfernt werden. Tauglichkeit nur im Rahmen des Behindertentauchens für Gehörlose gegeben (s. Anhang)*

- **Keine Kontraindikation:** Ab 3 Monaten postoperativ bei komplikationslosem Verlauf und vestibulärer Symptomfreiheit mit negativem vestibulärem Provokationstest (siehe oben) bei Perilymphfistel, Teilimplantierbares Hörgerät RETRO X , Stapesoperationen. Da keine einheitliche Meinung bei Stapesop. besteht, müssen mögliche Risiken mit dem Patienten besprochen werden; siehe Einführung

1.15 Akute Gleichgewichtsstörungen

Gefahr:

Orientierungsverlust, Nausea, Erbrechen

Krankheitsbilder, Diagnosen:

- Akuter Vestibularisausfall
- Neuropathia vestibularis
- Benigner paroxysmaler Lagerungsschwindel
- Zustand nach Perilymphfistel
- Alternobarer Schwindel:
  Schwindelanfälle beim Auftauchen, welche an der Wasseroberfläche spontan verschwinden als Ausdruck eines leichten Innenohrbarotraumas.
  Inzidenz bis ca. 30%

Abklärung:

durch Facharzt zur otoneurologischen Untersuchung

Kontraindikationen:

- **Absolute:**
  Akute Gleichgewichtsstörung
  St.n. beidseitigem Vestibularisausfall

- **Keine Kontraindikation:**
  Alternobarer Schwindel.
  St.n. benignem paroxysmalem Lagerungsschwindel mit Beschwerdefreiheit
  St.n. einseitigem Vestibularisausfall mit Beschwerdefreiheit und negativen Provokationstests (z.B. Strichgang, verschärfter Romberg, Lockerungsnystagmus, ev. Kalorik)

1.16 Chronische Gleichgewichtsstörungen

Gefahr:

Verlust der Orientierung, Nausea, Erbrechen

Krankheitsbilder, Diagnosen:

- Zervikalsyndrom
- Vaskuläre Insuffizienz
- Nach Schädelhirntrauma

Abklärung:

Durch HNO-Arzt oder Neurologen

Kontraindikationen:

- **Absolute:**
  Chronische Gleichgewichtsstörungen schon bei alltäglichen Aktivitäten
- **Relative:**
  Chronische Gleichgewichtsstörungen nur bei grosser körperlicher Belastung und normalen Provokationstests

  Empfehlung:
  Testtauchgang

1.17 Anfallsschwindel (Morbus Menière)

Gefahr:

Orientierungsverlust, Nausea, Erbrechen

Krankheitsbilder, Diagnosen:

- Morbus Menière (Hydrops des Innenohres)

Abklärung:

Durch Facharzt

Kontraindikationen:

- **Absolute:**
  In jedem Fall (diese Richtlinie entstand aufgrund theoretischer Überlegungen, obwohl bisher keine Evidenz für eine schädigende Wirkung nachgewiesen ist)

1.18 Perzeptionsschwerhörigkeit und Taubheit, Tinnitus

Gefahr:

Weitere Hörminderung, Ertaubung, Zunahme des Tinnitus

Krankheitsbilder, Diagnosen:

- Einseitige oder beidseitige Innenohr-Schwerhörigkeit oder Taubheit, evtl. Tinnitus.
- Ursachen: hereditär, Lärm, Alter, Infekt, vaskulär bedingt (Hörsturz)
- Tauchunfall bedingt (Residuen nach Dekompressionskrankheit oder Barotrauma des Innenohres)

Abklärung:

Durch Facharzt

Kontraindikationen:

- **Relative:**
  Hochgradige einseitige und beidseitige Schwerhörigkeit, Taubheit
  Status nach Hörsturz
  Subjektiv störender Tinnitus

  Empfehlung:
  Information über Gefahr der Ertaubung und Verstärkung des Tinnitus. Anfängern ist deshalb vom Tauchen abzuraten. Wegen erheblichen Kommunikationsprolemen mit nicht Ertaubten und entsprechend schwieriger Ausbildung für Anfänger, einschränkende Bemerkung auf dem Attest "nur im Rahmen des Behindertentauchprogrammes für Gehörlose" (siehe Anhang Behindertentauchen)

- **Keine Kontraindikation:**
  Leichte bis mittelschwere Schwerhörigkeit, subjektiv nicht störender Tinnitus
  Vollständige Taubheit bei erfahrenem Taucher mit instruiertem Tauchpartner

1.19 Septumdeviation

Gefahr:

Barotrauma (Ohr, Sinus)

Krankheitsbilder, Diagnosen:

- Funktionell erhebliche Septumdeviation mit/ohne Tubenfunktionsstörung
- Chronische oder akute Sinusitis

Abklärung:

Rhinoskopie, ggf. Nasenendoskopie

Prüfung auf einseitige Nasenatmungsbehinderung

Valsalva mit Otoskopie

Evtl. Abklärung durch Facharzt

Kontraindikationen:

- **Absolute:**
  Bei gestörter Tubenfunktion
- **Relative:**
  Behinderte Nasenatmung, Risiko der Verlegung der Nebenhöhlenzugänge

  Empfehlung:
  Testtauchgang
- **Keine Kontraindikation:**
  Drei Monate nach erfolgreicher Operation
  Septumdeviation ohne Beschwerden

1.20 Entzündungen der Nase und der Nebenhöhlen und Frontobasisfraktur

Gefahr:

Barotrauma der Ohren und Sinus: Schmerz, Schwindel, Nausea, Erbrechen

Barotrauma der Nebenhöhlen: Schmerzen, Epistaxis

Krankheitsbilder, Diagnosen:

- Akute und chronische Entzündungen im Nasen-Rachen-Raum
- Polyposis nasi, chronische Rhinopathie

Abklärung:

Anamnese, Rhinoskopie, evtl. Röntgendiagnostik, evtl. Allergiediagnostik

Bei chronischem Verlauf oder Exacerbation zur Beurteilung des mittleren Nasenganges Abklärung durch Facharzt (Ausschluss ostienverlegender Neubildungen)

Kontraindikationen:

- **Absolute:**
  Bei fehlender Möglichkeit zum Druckausgleich des Mittelohrs, der Nebenhöhlen und im akuten Stadium
  Chronische polypöse Rhinosinusitis
  Zustand nach frontobasalen Frakturen
- **Relative:**
  Bei Zustand nach erfolgreicher medikamentöser oder operativer Therapie und gesicherter Belüftung

  ***Empfehlung:** Eventuell Testtauchgang*
- **Keine Kontraindikation:**
  Nach endgültiger Abheilung der Entzündung und gesicherter Belüftung der Nebenhöhlen und des Mittelohres

1.21 Erkrankungen der Mundhöhle

Gefahr:

Ungenügender Halt resp. ungenügende Abdichtung des Mundstückes des Lungenautomaten: Wasseraspiration, Fehlverhalten, Panik

Krankheitsbilder, Diagnosen:

Von den zahlreichen Problemen der Mundhöhle sind folgende für die Tauchsicherheit relevant:

- Status nach Operationen der Lippen, der Mundhöhle und des Rachens (exkl. Zahneingriffe)
- Paresen des Kau- und Schluckapparates
- Fazialisparese
- Zahnprobleme siehe 1.23

Abklärung:

Lokalstatus, eventuell Dichtigkeitstest mit Schnorchelmundstück

Kontraindikationen:

- **Absolute:**
  Unfähigkeit, das Mundstück festzuhalten und abzudichten.
  Ausnahmsweise fällt die Kontraindikation bei Verwendung von professionellem Tauchmaterial wie Vollgesichtsmaske oder Helm weg
- **Relative:**
  Übrige Fälle

  Empfehlung:
  Testtauchgang. Das Mundstück sollte auch über längere Zeit wasserdicht gehalten werden können

1.22 Laryngitis, Rekurrensparese, Laryngotrachealstenosen, Laryngozelen, Status nach Laryngektomie

Gefahr:

Laryngospasmus, Behinderung der Inspiration, Atemnot, Panik

Krankheitsbilder, Diagnosen:

- Persistierende Heiserkeit, Stridor
- Akute und chronische Entzündungen des Larynx
- Rekurrensparesen
- Laryngotracheale Stenosen: Status nach Trauma, Tracheotomie, Tracheomalazie, Status nach Langzeitintubation, Ausstülpung des Ventriculus laryngis

Abklärung:

Anamnese

Laryngo-/Tracheoskopie

Kleine Lungenfunktion (einschliessl. forcierter inspiratorischer Parameter)

Kontraindikationen:

- **Absolute:**
  Funktionell relevante Stenosen und Malazien, Rekurrensparesen mit obstruktiven Funktionswerten
  Status nach Laryngektomie
  Tracheostoma
- **Relative:**
  Bei subjektiven Beschwerden ohne funktionelle Einschränkung
  3 Monate nach Operation einer Laryngozele

  Empfehlung:
  Hinweis auf Gefahren

1.23 Zahnprobleme

Gefahr:

Akute Barodontalgie, welche durch den Stress zu folgenschwerem Fehlverhalten, evtl. Panik führen kann, Nachblutungen, Verlust oder Aspiration bei schlechtsitzendem abnehmbarem Zahnersatz (Prothese)

Krankheitsbilder, Diagnosen:

- frische Zahnfraktur (mit oder ohne Pulpaeröffnung)
- tiefe kariöse Läsionen, Pulpitiden, Pulpanekrosen, akute apikale Ossitiden, Parodontalabszesse, Dentitio difficilis
- Füllungsfrakturen und Infraktionen (unvollständige Zahnfraktur, die sich in Druckdolenz beim Kauen oder als Barodontalgie äussert)
- kürzlich gelegte Füllungen, Status nach zahnärztlichen Operationen
- Teil- oder Totalprothesen mit schlechtem Halt

Abklärung:

Bei Barodontalgie zahnärztliche Untersuchung. Bei kieferchirurgisch rekonstruktiven Eingriffen Rückfrage beim Operateur

Kontraindikationen:

- **Absolute:**
  frische Zahnfrakturen und Infektionszustände mit Spontanschmerzen
- **Relative:**
  lockere Prothesen, indolente Füllungsfrakturen und Infraktionen, chronisch entzündliche Zustände (Karies, Pulpitiden usw.)

  Empfehlung:
  Hinweis auf Gefahren, insbesondere darauf, dass Barodontalgien häufig in der Aufstiegsphase (Dekompressionshalte!) auftreten.

Lungen und Atemwege

Inhaltsverzeichnis

Lungen und Atemwege

Einführung

Die Lunge und die dazugehörenden Atemwege sind sowohl beim Apnoe- wie auch beim Gerätetauchen physikalischen und physiologischen Veränderungen ausgesetzt. Mit zunehmender Wassertiefe steigt der hydrostatische Druck. Dies beeinflusst zwar die nicht gashaltigen Gewebe kaum, würde aber zu beträchtlichen Volumenschwankungen in allen luftgefüllten Körperräumen führen, bestünden nicht Kompensationsmöglichkeiten. So benötigen die Lungen und Atemwege beim Abtauchen ein erhöhtes Gasangebot, welches durch druckgesteuerte Atemregler, sogenannte Lungenautomaten, angeboten wird. Ebenso müssen Mittelohr und Nebenhöhlen jederzeit ihr Luftvolumen den äusseren Druckbedingungen anpassen können, da es sonst zu Druckschädigungen dieser Organe (Barotraumen) kommen kann. Diese Regulationsmechanismen sind sowohl beim Ab- wie auch beim Auftauchen von grösster Wichtigkeit. Ist durch entsprechendes Fehlverhalten oder durch mechanische Behinderung, zum Beispiel infolge von Erkrankungen, dieser Druckausgleich nicht möglich, so kommt es zu ernsthaften Schädigungen dieser luftgefüllten Körperhöhlen und Organe. Druckänderungen führen aber nicht nur zu einer Veränderung der Gasvolumina, sie beeinflussen auch den Gasaustausch und erhöhen durch Zunahme der Gasdichte die Atemwegswiderstände und wirken somit auch auf Herz und Kreislauf.

Lungenerkrankungen, anatomische Varianten und Unkenntnis pathophysiologischer Zusammenhänge können gerade im Respirationstrakt rasch zu ernsthaften, ja oft deletären Zwischenfällen führen. Erwähnt seien Lungenüberdehnung mit Rissbildung bei raschem Auftauchen ohne genügendes Ablassen der sich ausdehnenden Atemluft. Lungenrisse wiederum können zur Einschwemmung von Luft in den Kreislauf mit entsprechender Embolisation führen. Ebenfalls bedrohlich sind der Pneumothorax und das Mediastinalemphysem. Es gilt also, Krankheiten und Anomalien, die zu Barotraumen prädestinieren oder zu einer Einschränkung der Lungenfunktion führen, zu erkennen. Die Untersuchung von Lungen und Atemwegen ist deshalb von grösster Wichtigkeit, weshalb die Tauchtauglichkeit diesbezüglich kritisch und kompromisslos zu beurteilen ist. Der Ausschluss von lokalen Lungenveränderungen, die ein "Airtrapping" und damit ein Barotrauma der Lunge auslösen können, ist sehr schwierig. In erster Näherung genügt es meistens, ein Spiral-CT anzufertigen, welches Emphysembereiche darstellen kann. Der wirkliche Nachweis gelingt nur durch komplexe funktionelle Abklärungen (z.B. doppelte Lungenfunktion mit He-Einschwemmverfahren und Bodyplethysmographie); dabei fehlen allerdings validierte Risikowerte und die Resultate sind im zeitlichen Verlauf wechselnd.

Zur Beurteilung von Störungen der Ventilation wird die Lungenfunktionsuntersuchung durchgeführt. Die Beurteilung der forciert ausgeatmeten Vitalkapazität (FVC) und des in der ersten Sekunde forciert ausgeatmeten Volumens (FEV1) sowie deren Verhältnis FEV1/FVC ermöglicht eine grobe Abschätzung restriktiver oder obstruktiver Ventilationsstörungen. Die von den Herstellerfirmen angegeben prozentualen Sollwerte beziehen sich für Erwachsene in Europa üblicherweise auf die Normwerte der Europäischen Gesellschaft für Kohle und Stahl (EGKS). Für Tauchanwärter nicht europäischer Ethnien sollten andere geeignete Normwerte herangezogen werden.

2.1 Asthma bronchiale

Gefahr:

Lungenriss, Erschöpfung. Asthmaanfälle (sind beim Tauchen erfahrungsgemäss selten)

Krankheitsbilder, Diagnosen:

- Atemwegserkrankung mit variabler Bronchialobstruktion auf dem Boden einer bronchialen Hyperreagibilität
- Sogenanntes Intrinsic Asthma (Kälte- Anstrengungs- Medikamenten- induziertes Asthma, usw.)
- Extrinsic Asthma (Pollen, Hausstaub)

Abklärung:

Anamnese, Auskultation

Messung von VC, FVC und FEV1

Erstuntersuchung im Rahmen eines Spezialkonsiliums durch Pneumologen (inkl. inhalativer Provokationstest)

Kontraindikationen:

- **Absolute:** Bei dauerhafter Lungenfunktionsstörung: FEV1/VC unter 0,7, bzw FEV1 und FVC unter 80 % der EGKS-Norm (Ausnahme s. Seite 66).
  Schwere bronchiale Hyperreaktivität
- **Relative:** Im anfallsfreien Intervall, bei normaler Lungenfunktion und fehlendem Expositionsrisiko (extrinsisches Asthma: z.B. Pollensaison)
  Anstrengungs und kälteinduziertes Asthma bei Tauchanfängern

  Empfehlung:
  Information über Risiko, Hinweis auf Eigenverantwortung. Neben optimaler Therapieeinstellung zusätzlich vor dem Tauchen präventive Inhalation eines β_2-Stimulators (Wirkungseintritt und -Dauer beachten). Peakflow-Messungen als self-assessment empfohlen

2.2 Akute Bronchitis

Gefahr:

Lungenriss, Aspiration bei Hustenanfall

Krankheitsbilder, Diagnosen:

- Entzündung der Bronchialschleimhaut mit Husten, Auswurf, evtl Fieber und passagere Hyperreaktivität

Abklärung:

Anamnese, Auskultation

Kontraindikationen:

- **Absolute:**
  Akutes Stadium, Rekonvaleszenz

- **Keine Kontraindikation:**
  Nach mindestens zwei symptomfreien Wochen

2.3 Chronisch-obstruktive Lungenerkrankung

Gefahr:

Lungenriss wegen lokaler Überblähung, Aspiration bei Hustenanfall

Beim bullösen Emphysem ist die Gefahr eines Pneumothorax stark erhöht

Krankheitsbilder, Diagnosen:

- Chronische Bronchitis: Husten und Auswurf länger als zwei Jahre, mindestens drei Monate pro Jahr
- Emphysem
- Chronifiziertes Asthma bronchiale, zystische Fibrose (Mukoviszidose) u.a.

Abklärung:

Anamnese, Auskultation, Thorax-Röntgenbild
Lungenfunktion mit Salbutamoltest (Bronchospasmolyseversuch)
Ab FEV1/VC < 0.7 zusätzlich Blutgase (Diffusionsmessung) erforderlich
Gegebenenfalls Untersuchung durch einen Pneumologen (z.B. Ausschluss respiratorischer Insuffizienz oder von "Airtrapping")

Kontraindikationen:

- **Absolute:**
  Alle Formen und Schweregrade von respiratorischer Insuffizienz
- **Relative:**
  Leichte Beeinträchtigung der Lungenfunktion: FEV1 und FVC über 70% der EGKS Norm (Ausnahme s. Seite 66) und FEV1/VC über 0,6

  Empfehlung:
  Vermeiden von Tauchgängen mit hoher physischer Belastung (Kälte, Strömung). Optimale Therapieeinstellung nötig. Bei Reversibilität β-Adrenergicum-Inhalation vor dem Tauchgang (Wirkungseintritt und -Dauer beachten)

2.4 Status nach Lungenresektion

Gefahr:

Barotrauma der Lunge (Lungenriss) wegen unterschiedlicher Strömungswiderstände und Lungendehnbarkeit

Krankheitsbilder, Diagnosen:

- Segmentresektion resp. Wedgeresektion
- Lobektomie
- Pneumonektomie

Abklärung:

Anamnese
Thorax-Röntgenbild
Lungenfunktion: Vitalkapazität, Einsekundenkapazität
Pneumologisches Konsilium unerlässlich

Kontraindikationen:

- **Absolute:**
  Status nach Pneumonektomie

- **Relative:**
  Status nach Segmentresektion oder Lobektomie: Tauchen frühestens drei Monate postoperativ

  Empfehlung:
  Information über Gefahr des Lungenrisses.
  Wegen zusätzlich erhöhtem Risiko bei eventuell restriktiven Funktionsstörungen individuelle Entscheidung durch den Untersucher

2.5 Interstitielle Pneumopathien, z.B. Pneumokoniose, Sarkoidose

Gefahr:

Barotrauma der Lunge (Lungenriss)

Verminderte körperliche Leistungsfähigkeit

Krankheitsbilder, Diagnosen:

- Diffuse interstitielle Lungenfibrose
- Pneumokoniose
- Sarkoidose
- allergische Alveolitiden

Schweregrad der Beeinträchtigung
a) keine merkliche Störung
b) Dyspnoe bei Anstrengung
c) Ruhedyspnoe

Abklärung:

Anamnese
Thorax-Röntgenbild
Grosse Lungenfunktion: VC, FEV1 mit zusätzlicher Bestimmung des Residualvolumens und des Gasaustausches (Diffusionsmessung) oder der Blutgase unter Belastung
Pneumologisches Konsilium erforderlich

Kontraindikationen:

- **Absolute:** Alle interstitiellen Pneumopathien, z.B. idiopathische Lungenfibrose, Pneumokoniosen, floride Alveolitis
- **Relative:** Status nach Sarkoidose der Lunge (M. Boeck) oder allergischer Alveolitis bei radiologisch normalem Lungenparenchym und normaler Lungenfunktion

  Empfehlung: *Regelmässige Kontrollen wegen möglicher Progredienz der erwähnten Krankheiten. Information über mögliche Einschränkungen der respiratorischen Reserven*

2.6 Pneumothorax, Barotrauma der Lungen ("Lungenriss")

Gefahr:

Rezidiv beim Tauchen kann zu Spannungs-Pneumothorax evtl. Luftembolie führen

Krankheitsbilder, Diagnosen:

- Spontaner Pneumothorax, Spannungs-Pneumothorax
- Traumatisch/iatrogen bedingter Pneumothorax
- Durchgemachte Luftembolie durch Lungenriss mit oder ohne Pneumothorax (oftmals "Airtrapping" in Emphysembereichen)
- Durchgemachtes Barotrauma mit Mediastinal-, evtl. auch Hautemphysem

Abklärung:

Anamnese, Lungenfunktion (VC, FEV1), Thorax-Röntgenbild, Thorax-Spiral-CT (zum Ausschluss von Emphysemblasen, als Screening für "Airtrapping")
Pneumologisches Konsilium erforderlich, evtl. Ausschluss von persistierendem "Airtrapping" (siehe Kapiteleinleitung)

Kontraindikationen:

- **Absolute:**
  - Nach jedem Pneumothorax während der ersten drei Monate
  - Definitives Tauchverbot für Anfänger nach einmaligem Spontanpneumothorax
  - Tauchverbot für erfahrene Taucher nach Rezidiv eines Spontanpneumothorax, definitiv oder bis zur evtl.operativen Sanierung (Pleurektomie)
- **Relative:**
  - Ab drei Monaten nach einem traumatischen Pneumothorax, sofern die Lungenfunktion normal ist und das FEV1/VC mindestens 0,7 beträgt
  - Erfahrene Taucher ab drei rezidivfreien Jahren nach Spontanpneumothorax, wenn im Thorax-CT keine Emphysemblasen nachweisbar sind
  - Nach operativer Sanierung (Pleurektomie)

  Empfehlung: *Nur Nullzeittauchen und sichere Tiefe, einfache Bergungsmöglichkeiten. Information über Rezidivgefahr infolge nicht erfassbarer Emphysemblasen. Auch nach operativer Sanierung können begrenzte Pneumothoraxbereiche auftreten*

Herz und Kreislaufsystem

Inhaltsverzeichnis

Herz und Kreislaufsystem

Einführung

Das Tauchen mit einem Druckluftgerät beeinflusst das kardiovaskuläre System nur indirekt. Im Gegensatz zu den Atmungsorganen und den Organen des HNO-Bereichs, welche in den entsprechenden Kapiteln besprochen werden, wird der Kreislauf und insbesondere das Herz durch die Änderungen des hydrostatischen Druckes nur geringfügig beeinflusst, da es keine gasgefüllten Hohlräume aufweist. Eine mässige Volumenbelastung (mit Erhöhung des Preloads durch einen relativ negativen intrathorakalen Druck) tritt eher bei einer Immersion, d.h. beim Stehen im Wasser, Schwimmen oder Schnorcheln an der Oberfläche auf, als beim Gerätetauchen. Die Kälte und eine stressbedingte Vasokonstriktion können zu einer Erhöhung des peripheren Widerstandes und damit Zunahme des Afterloads führen. Durch eine Kälteeinwirkung im Gesichtsbereich, verbunden mit Apnoephasen, wird die Herzfrequenz meist verlangsamt und das Auftreten von ektopen Ersatzrhythmen bei einer Prädisposition begünstigt.

Bei Beurteilung der Tauchtauglichkeit geht es hauptsächlich um die Leistungsfähigkeit. Das Freizeittauchen mit einem Druckluftgerät ist an sich kein Leistungssport, und es kann unter Einhaltung von gewissen Einschränkungen auch im Alter ausgeübt werden. Es können aber bei jedem Tauchgang unvorhersehbare Situationen auftreten, sei es durch eine Änderung der Bedingungen oder durch technische Probleme, bei denen eine schnelle Mobilisierung aller vorhandenen Leistungsreserven notwendig wird. Rhythmusstörungen, eine manifeste Herzinsuffizienz, eine symptomatische oder durch Medikamente symptomfrei gewordene koronare Herzkrankheit und stenotische Vitien könnten zu einem letalen Ausgang führen. Die Hauptgefahr ist nicht unbedingt der primäre Herztod, sondern die plötzliche Bewusstlosigkeit oder Handlungsunfähigkeit in einer Umgebung, die zum Ertrinken oder zu einem unkontrollierten Aufstieg zur Wasseroberfläche und in der Folge zu einer akuten Gasembolie oder Dekompressionskrankheit führen würde. Bei Berufstauchern wird zur Objektivierung der Leistungsreserve eine symptomfreie 13fache Leistungssteigerung des metabolischen Ruhewertes (13 MET) gefordert. Mit ähnlich hohen Belastungen können auch Sporttaucher jederzeit konfrontiert werden (Strömung, vgl. Anhang "Leistungstests"). Spezifische Medikamentenrisiken werden im Kapitel 10 behandelt.

Nicht alle kardialen Risiken lassen sich mit Leistungstests zuverlässig erfassen. Immer wieder kommt es zu vorerst unerklärbaren letalen

Zwischenfällen mit plötzlichem Herztod. Während beim älteren Taucher das koronare Risiko im Vordergrund steht, kann ein plötzlicher Herztod auch Ausdruck einer asymptomatischen Myokarditis sein, wie sie gelegentlich nach grippalen und anderen Infekten vorkommt. Ein eigentliches Früherkennungssystem gibt es nicht. Bei der Untersuchung kann lediglich die Anamnese einer unmittelbar durchgemachten Grippe auf die Gefahr hinweisen. Dennoch ist eine prophylaktische Verlängerung der Wartezeit nach grippalen Infekten wegen der Seltenheit des Phänomens nicht angezeigt.

Während des Aufstiegs kommt es nach fast jedem Tauchgang zur Bildung von Stickstoffblasen im venösen Blut. Sie bleiben in den meisten Fällen ohne Symptome, da sie in den Lungenkapillaren zurückgehalten werden. Bei intrakardialen Defekten, zum Beispiel im Bereich des Vorhof- oder Ventrikelseptums, besteht trotz eines überwiegenden Links-Rechts-Shunts die Gefahr von paradoxen Gasembolien im systemischen Kreislauf. Etwas abweichend kann man aus Erfahrung das Foramen ovale pervia (PFO) beurteilen, welches bei ungefähr 20-33% der Bevölkerung besteht und dessen spezifische Risikoerhöhung durch kurzdauernden Rechts-Links-Shunt beim Tauchen noch zur Diskussion steht. Dieser Problematik ist eine eigene Seite gewidmet.

3.1 Koronare Herzkrankheit: Angina pectoris

Gefahr:

Ischämie
Myokardinfarkt
Rhythmusstörungen

Krankheitsbilder, Diagnosen:

- Schweregrad der Erkrankung wird nach dem Ausmass der Symptome nach folgendem Schema beurteilt (NYHA-Klassifikation):

  Grad I symptomfrei
  Grad II Symptome bei Belastung
  Grad III Symptome bei alltäglichen Tätigkeiten
  Grad IV Ruhe-Angina pectoris (AP)

Abklärung:

Anamnese
Klinische Untersuchung
EKG
Belastungs-EKG mit Fahrrad- oder Laufband-Ergometer (Treppensteigen ungenügend)
Eventuell kardiologisches Konsilium

Kontraindikationen:

- **Absolute:**
  Angina pectoris jeder Form, auch wenn der Patient unter Medikamenten symptomfrei geworden ist
- **Relative:**
  Symptomfrei, nach Kausaltherapie (Aortokoronarer Bypass, Dilatation - siehe dort)

  Empfehlung:
  Eventuell durch Kardiologen festlegen

3.2 Koronare Herzkrankheit: Status nach Myokardinfarkt

Gefahr:

Reinfarkt mit Rhythmusstörungen, Kreislaufkollaps, Herzinsuffizienz, Bewusstlosigkeit

Krankheitsbilder, Diagnosen:

- Abgelaufener Myokardinfarkt, stumm oder klinisch manifest, evtl mit Komplikationen wie Rhythmusstörungen, Herzinsuffizienz

Abklärung:

Anamnese
Klinische Untersuchung, EKG
Richtwert für Belastungsversuch : Symptomfrei bis 150 Watt für Frauen, 200 Watt für Männer (Fahrradergometer oder Laufband; Treppensteigen und Steptest sind ungenügend). Soll-Arbeitskapazität ist nach Tabellen individuell zu errechnen (s. Anhang "Leistungstests")
Eventuell kardiologisches Konsilium

Kontraindikationen:

- **Absolute:**
  Angina pectoris
  Herzinsuffizienz
  Rhythmusstörungen
  Relevante, abnorme Ventrikelfunktion
  Pathologischer Belastungsversuch
- **Relative:**
  Status nach Myokardinfarkt (Wartefrist minimal 1 Jahr) mit normaler Hämodynamik ohne belastungbedingte Angina pectoris und Rhythmusstörungen und ohne relevante Störung der Ventrikelfunktion

  Empfehlung:
  Information des Patienten über Risiken, Eigenverantwortlichkeit

3.3 Koronare Herzkrankheit: Status nach koronarer Revaskularisationsoperation

Gefahr:

Myokardinfarkt
Rhythmusstörungen
Herzinsuffizienz

Krankheitsbilder, Diagnosen:

- Status nach aortokoronarer Bypassoperation oder nach transluminaler Dilatation
- Für Tauchtauglichkeit entscheidend ist das Fehlen von Komplikationen:
  Herzinsuffizienz (s. dort)
  Angina pectoris (s. dort)
  Herzrhythmus-Störungen (s. dort)
  Abnormer Belastungsversuch

Abklärung:

Festlegung der Kontraindikation durch Kardiologen erforderlich

Kontraindikationen:

- **Absolute:**
  Bei Vorhandensein von Restsymptomen / Komplikationen (siehe oben)
- **Relative:**
  Gutes postoperatives Resultat nach 3 Monaten (Symptomfreiheit, normaler Belastungsversuch)

  Empfehlung:
  Vermeiden von anstrengenden Tauchgängen (Strömung, Kälte).
  Erste Neubeurteilung nach 6 Monaten, dann jährlich

3.4 Herzinsuffizienz

Gefahr:

Leistungseinbruch, Kreislaufkollaps, plötzlicher Herztod

Krankheitsbilder, Diagnosen:

Die NYHA-Klassifizierung kann zur Tauglichkeitsbeurteilung benützt werden:

- Belastungsinsuffizienz (NYHA I-III)
- Ruheinsuffizienz (NYHA IV)
- Rechts, links, biventrikulär

Abklärung:

Anamnese
Klinische Untersuchung
Thorax-Röntgen, EKG
Eventuell kardiologisches Konsilium

Kontraindikationen:

- **Absolute:**
  Sämtliche Formen der Ruheinsuffizienz
  Belastungsinsuffizienz Grad II-III
  Kompensierte Herzinsuffizienz (NYHA I) für Anfänger
- **Relative:**
  Kardiale Funktionsstörung mit Leistungsklasse NYHA I für erfahrene Taucher

  Empfehlung:
  Information über Gefahr
  Vermeiden von anstrengenden Tauchgängen
  Jährliche kardiologische Kontrolluntersuchung

3.5 Reizleitungsstörungen

Gefahr:

Dyspnoe, Leistungseinbruch, Angst, Schwindel, Synkope

Krankheitsbilder, Diagnosen:

Kranker Sinusknoten, Tachykardie-Bradykardie-Syndrom (Sick-Sinus-Syndrom)
Überleitungsstörungen:

- Sinoatriale (SA)
- Atrioventrikuläre: AV-Block I°, AV-Block II° (Typ I -Wenckebach, Typ II - Mobitz), AV-Block III°.
- Inkomplette und komplette Schenkelblocks sowie mögliche Kombinationen mit AV-Block: Rechtsschenkelblock (RSB), Linksanteriorer Hemiblock (LAHB), Linksposteriorer Hemiblock (LPHB), Linksschenkelblock (LSB), Rechtsschenkelblock und Linksanteriorer Hemiblock (RSB + LAHB), Rechtsschenkelblock und Linksposteriorer Hemiblock (RSB + LPHB),
- Aberrante AV-Überleitung (WPW-Syndrom), Präexzitation

Abklärung:

Anamnese, Klinik, EKG, Ergometrie, 24h-EKG, bei Bedarf kardiol. Konsilium

Kontraindikationen:

- **Absolute:** Alle Rhythmusstörungen bei ischämischer Herzkrankheit, myokardialen Funktionsstörungen, Herzmuskelerkrankungen, Beschwerden oder Bewusstseinsstörung unter maximaler Belastung, AV-Block III°, bifaszikuläre Blöcke bis zur kardiologischen Abklärung, symptomatisches Sick-Sinus-Syndrom. Bei AV-Block II°/Typ II -Mobitz ist die Gefahr des Überganges in einen totalen AV-Block gegeben. Bei AV-Block II°/Typ I -Wenckebach ist, trotz gehäuftem Auftreten bei Leistungssportlern, die Gefahr des plötzlichen Herztodes gegeben. WPW-Syndrom mit Tachykardien

- **Relative:** Sofern auch bei maximaler Belastung unter medikamentöser Therapie (gemäss besonderer Beurteilung) beschwerdefrei. Kardiologisch abgeklärte Blockbilder ohne beeinträchtigende Grunderkrankung

  Empfehlung: Jährliche kardiologische Kontrollen erforderlich. Information über Risiken

- **Keine Kontraindikation:** AV-Block I°, LAHB, LPHB und RSB bei normaler Leistungsfähigkeit und Ausschluss einer kardialen Grundkrankheit ohne medikamentöse Therapie. WPW-Syndrom ohne Tachykardien

3.6 Rhythmusstörungen: supraventrikuläre

Gefahr:

Dyspnoe, Leistungseinbruch, Angst, Schwindel, Synkope

Krankheitsbilder, Diagnosen:

- Sinusarrhythmie, -bradykardie, -tachykardie,
- Supraventrikuläre Brady- und Tachyarrhythmien, Junktionalrhythmus, Wandernder Schrittmacher
- Supraventrikuläre Extrasystolen: atriale, junktionale
- Vorhofflimmern, -flattern

Abklärung:

Anamnese, Klinik, EKG, Ergometrie, 24h-EKG, Ausschluss einer ischämischen Herzkrankheit

Kontraindikationen:

- **Absolute:**
  Alle supraventrikulären Rhythmusstörungen bei ischämischer Herzkrankheit, myokardialen Funktionsstörungen und Herzmuskelerkrankungen, bei Beschwerden oder bei Bewusstseinsstörung unter maximaler Belastung
- **Relative:**
  Chron. normokardes Vorhofflimmern, sofern unter medikamentöser Therapie auch bei max. Belastung asymptomatisch, supraventrikuläre Extrasystolie

  Empfehlung:
  Jährliche kardiologische Kontrollen erforderlich. Information über Risiken
- **Keine Kontraindikation:**
  Physiologische Sinusbradykardie, symptomfreier intermittierender Junktionalrhythmus mit normaler Hämodynamik

3.7 Rhythmusstörungen: ventrikuläre

Gefahr:

Bewusstlosigkeit, Kreislaufstillstand

Krankheitsbilder, Diagnosen:

- Lown-Klasse I: Gelegentliche VES (1/min; <30/h)
- Lown-Klasse II: Häufige VES (>30/h)
- Lown-Klasse III: polytope VES, Bigeminie
- Lown-Klasse IVa: paarweise VES (couplets)
- Lown-Klasse IVb: Salven (3 VES und mehr), Kammertachykardie
- Lown-Klasse V: R-on-T

Abklärung:

Anamnese, Klinik, EKG, Ergometrie, 24h-EKG. Bei Zunahme der Rhythmusstörungen unter Belastung und ab Klasse III kardiologisches Konsilium zum Ausschluss einer ischämischen Herzkrankheit und von myokdardialen Funktionsstörungen sowie Herzmuskelerkrankungen

Kontraindikationen:

- **Absolute:**
  Alle Klassen bei ischämischer Herzkrankheit, myokardialen Funktionsstörungen und Herzmuskelerkrankungen
  Langes-QT-Syndrom (auch Romano-Ward-Syndrom genannt)
- **Relative:**
  Klasse III + IV bei normalem Belastungsversuch und ohne fassbare kardiologische Grundkrankheit

  Empfehlung: *Jährliche kardiologische Kontrollen erforderlich. Information über Risiken*
- **Keine Kontraindikation:**
  VES der Lown-Klassen I und II ohne medikamentöse Therapie bei normaler Leistungsfähigkeit und fehlender kardialer Grundkrankheit

3.8 Rhythmusstörungen: Status nach Pacemaker-Implantation

Gefahr:

Fehlende Leistungsadaptation, Rhythmusstörungen

Krankheitsbilder, Diagnosen:

- Indikation zur Implantation bei verschiedenen Rhythmusstörungen (Sick-Sinus-Syndrom, AV- Block III°, etc.)

Abklärung:

Kardiologisches Konsilium erforderlich:

a) Beurteilung der Grundkrankheit

b) Kontrolle der Pacemakerfunktion. Ausser den Funktionsdaten ist die Kenntnis der technischen Beschreibung notwendig, da gewisse Modelle noch gasgefüllt und dadurch nicht genügend druckfest sind oder druckanfällige Piezosteuerungen aufweisen können. Ab1998 hergestellte Schrittmacher sind nahezu alle bis 4 bar druckfest. (evtl. Hersteller befragen und Proband auf begrenzte Tauchtiefe hinweisen)

Kontraindikationen:

- **Absolute:**
  Bei eingeschränkter Leistungsfähigkeit wegen kardialer Grundkrankheit (siehe dort)
- **Relative:**
  In Abhängigkeit von der Grundkrankheit sowie den technischen Spezifikationen des implantierten PM-Modells

  Empfehlung:
  Information des Patienten. Hinweis auf Eigenverantwortlichkeit

3.9 Shuntvitien: Vorhofseptumdefekt (ASD), Ventrikelseptumdefekt (VSD)

Gefahr:

Volumenbelastung mit Herzinsuffizienz bei Links-Rechts-Shunt, hauptsächlich auf der Ventrikelebene. Hypoxämie, Embolisierung im systemischen Kreislauf bei Shuntumkehr und bei Rechts-Links-Shunt. Ein Wechsel der Vorhofdruckverhältnisse bei Auftauchbedingungen ist bekannt

Krankheitsbilder, Diagnosen:

- Anatomische Kurzschlussverbindungen zwischen der rechten und linken Herzseite auf der Vorhof- oder Ventrikelebene

Abklärung:

Anamnese, klinische Untersuchung mit Auskultationsbefund, EKG, Thoraxaufnahme, kardiologisches Konsilium mit Echo erforderlich

Kontraindikationen:

- **Absolute:**
  Alle Vitien mit Rechts-Links-Shunt, ASD immer, VSD mit Rechts-Links-Shunt. Alle hämodynamisch relevanten Shuntvitien, bei insuffizientem operativem Verschluss oder bei Vorliegen von kardialen Komplikationen
- **Relative:**
  Hämodynamisch nicht relevanter VSD mit rechtsventrikulären Extrasystolen
  Beurteilung wie PFO (s. dort).
  Periphere AV-Shunts sind tauchspezifisch nicht relevant

  Empfehlung:
  Information über 2-3fach erhöhte Gefahr einer arteriellen Gasembolie bzw. neurologischen Dekompressionskrankheit, auch bei minimalem Rechts-Links-Shunt
- **Keine Kontraindikation:**
  kleiner VSD

3.10 Shuntvitien: Offenes Foramen ovale (PFO) und andere Rechts-Links-Shunts

Gefahr:

Arterielle Gasmikroembolisation bei Rechts-Links-Shunt, besonders nach einem Druckanstieg im kleinen Kreislauf durch intrathorakalen Druckanstieg. Auch bei korrekten Tauchgängen lassen sich im venösen Blut meist Mikrogasblasen nachweisen

Krankheitsbilder, Diagnosen:

- Inkompletter Verschluss der pränatal physiologischen Öffnung in der Vorhofscheidewand, Persistenz durch unvollkommene Verklebung. Prävalenz in 20-33% der Bevölkerung, zum Teil mit Ruheshunt, dadurch kein subjektives Krankheitsempfinden
- pulmonale und andere Rechts-Links-Shunts

Abklärung:

Eine präventive Suche nach einem offenem Foramen ovale wird nicht verlangt, wird aber in zunehmendem Masse empfohlen. Wenn bei Status nach Dekompressionsunfall ein Rechts-Links-Shunt vermutet wird, muss eine Abklärung beim tauchmedizinischen Spezialisten durchgeführt werden

Kontraindikationen:

- **Absolute:** Bei Anfängern mit nachgewiesenem relevantem Shunt während ruhiger Atmung bis weitere Ergebnisse vorliegen.
  Nach DCI mit relevanten neurologischen Symptomen ohne eindeutige Provokation und bei grossem PFO oder bei pulmonalem Shunt
- **Relative:** PFO und kleine pulmonale Shunts ohne DCI Ereignis

  Empfehlung: *Durch Reduktion des Dekompressionsstresses, zusätzlicher bläschenbildender Faktoren und Vermeidung einer Arterialisierung von venösen Gasbläschen (aktuelle Richtlinien im Anhang des Manuals) ist ein akzeptables Restrisiko anzustreben*

3.11 Klappenvitien

Gefahr:

Leistungseinbruch, Koronarinsuffizienz, Bewusstlosigkeit, Herzversagen

Krankheitsbilder, Diagnosen:

- Je nach Art des Vitiums (Stenose, Insuffizienz, beides kombiniert) und dessen hämodynamische Relevanz

Abklärung:

Anamnese
Klinische Untersuchung, Auskultation
EKG
Thoraxaufnahme
Bei etablierten Klappenvitien kardiologisches Konsilium

Da die klinische Relevanz der Herzgeräusche nicht immer leicht zu beurteilen ist, wird im Zweifelsfall ein Echokardiogramm empfohlen

Kontraindikationen:

- **Absolute:**
  Alle schweren Klappenvitien und alle Klappenvitien mit Beeinträchtigung der Leistungsfähigkeit und/oder kardialen Funktionsstörungen
- **Relative:**
  Alle übrigen Klappenvitien

  Empfehlung:
  Information über die mögliche Progredienz der Krankheit und die Notwendigkeit regelmässiger ärztlicher Kontrollen. Ein asymptomatischer Mitralklappenprolaps oder bicuspide Aortenklappen sind keine Kontraindikationen; Klappenvitien sollten jährlich kardiologisch nachkontrolliert werden

3.12 Status nach Herzklappenersatz, Klappenplastik

Gefahr:

Blutungsgefahr wegen Antikoagulation, eingeschränkte Leistungsfähigkeit

Krankheitsbilder, Diagnosen:

- Korrektur bzw. Implantation - meist nach längerer Erkrankung - bei kongenitalen oder erworbenen Vitien. Deshalb auch bei guter Prothesenfunktionen selten völlige Wiederherstellung der Ventrikelfunktion
- Möglichkeit der Restenosierung / Insuffizienz nach Plastik oder bei Xenografts

Abklärung:

Präoperative und postoperative Evaluation der Funktionsleistung
Regelmässige postoperative Kontrolluntersuchungen

Kontraindikationen:

- **Absolute:**
  Prothesendysfunktion, relevante paravalvuläre Insuffizienz und alle unter "relative Kontraindikationen" nicht aufgeführten Fälle
- **Relative:**
  Normale Hämodynamik und Ventrikelfunktion, Fehlen von Rhythmusstörungen und höhergradiger Ventrikelhypertrophie

  Empfehlung:
  Information über Gefahren. Dauerantikoagulation spielt keine tauchspezifische Rolle (siehe Medikamente 10.3)

3.13 Endokarditis, Myokarditis, Perikarditis

Gefahr:

Rhythmusstörungen
Klappeninsuffizienz
Herzinsuffizienz

Krankheitsbilder, Diagnosen:

- Endokarditis meist bakteriell, selten viral oder bei Systemerkrankungen
- Myokarditis bakteriell, viral, mykotisch, protozoen- oder parasitenbedingt
- Myokard oft involviert bei Systemerkrankungen
- Toxische Myokardopathien
- Perikarditis oft zusätzlich posttraumatisch, postoperativ, nach Radiotherapie

Abklärung:

Anamnese, klinische Untersuchung
EKG, Thoraxaufnahme, evtl. Blutbakteriologie
Echokardiogramm
Kardiologisches Konsilium erforderlich

Kontraindikationen:

- **Absolute:**
  Bis 6 Monate nach Endokarditis und Myokarditis, bei Perikarditis im akuten Stadium
- **Relative:**
  Tauglich 6 Monate nach Abheilung einer Endokarditis oder Myokarditis ohne haemodynamisch relevante Residuen und/oder Funktionseinbussen. Bei Perikarditis nach komplikationsloser Abheilung

  Empfehlung:
  Für diesen Entscheid ist ein erneutes kardiologisches Konsilium nötig

3.14 Kardiomyopathien

Gefahr:

Rasche Zunahme der Obstruktion, Leistungseinbruch, Rhythmusstörungen, Herzversagen

Krankheitsbilder, Diagnosen:

- Kardiomyopathien: hypertrophe nicht obstruktive, hyptertroph obstruktive, dilatative, restriktive, konstriktive, usw.
- Rhythmusstörungen als Hinweis

Abklärung:

Anamnese
Klinische Untersuchung, Auskultation
EKG mit Belastungsversuch
Kardiologisches Konsilium mit Echokardiogramm

Kontraindikationen:

- **Absolute:**
  Hypertrophe Kardiomyopathie mit Obstruktion im linksventrikulären Ausflusstrakt und/oder mit Rhythmusstörungen
  Dilatative Kardiomyopathie mit eingeschränkter Ejektionsfraktion und / oder Rhythmusstörungen
- **Relative:**
  Fehlende Obstruktion, keine Rhythmusstörungen (Langzeit-EKG), normale Funktion und Grösse der Herzhöhlen (ohne Therapie)

  Empfehlung:
  Information über Risiko der Progredienz, periodische kardiologische Kontrolle, jährliche Tauglichkeitsuntersuchung

3.15 Status nach Lungenembolie

Gefahr:

Unter Umständen verminderte Leistungsfähigkeit bei kardiopulmonaler Insuffizienz

Krankheitsbilder, Diagnosen:

- Zustand nach Embolie durch Blutgerinnsel aus den tiefen Beinvenen, den Beckenvenen, dem rechten Herzen oder andern venösen Stromgebieten. Nach dem akuten Ereignis sehr unterschiedlicher Verlauf: Restitutio ad integrum oder pulmonal-arterielle Hypertonie unterschiedlichen Grades mit Cor pulmonale, insbesondere bei rezidivierenden Embolien; Ventilations-/Perfusionsstörung

Abklärung:

Anamnese, Grundkrankheit, Thromboseneigung
EKG
Thoraxaufnahme
Lungenfunktion, Belastungsversuch (siehe Anhang "Leistungstests")
In Zweifelsfällen fachärztliche Abklärung

Kontraindikationen:

- **Absolute:**
  Status nach Lungenembolie in den vergangenen 3 Monaten
  Alle Folgezustände mit pulmonal-arterieller Hypertonie und/oder respiratorischer Insuffizienz (siehe auch 3.16)
- **Keine Kontraindikation:**
  Bei guter körperlicher Leistungsfähigkeit, normaler Hämodynamik und normalen Lungenfuntionswerten. Antikoagulation ist keine Kontraindikation

3.16 Pulmonalarterielle Hypertonie

Gefahr:

Rechtsherzinsuffizienz, Bewusstlosigkeit

Krankheitsbilder, Diagnosen:

- Erhöhung des Druckes in der Arteria pulmonalis infolge von Lungenfibrose, Lungenembolien, Periarteriitis nodosa, chron. obstruktiven Lungenkrankheiten, HIV u.a.m.
- Primäre pulmonalarterielle Hypertonie

Abklärung:

Anamnese

Klinische Untersuchung

Thoraxaufnahme

EKG

Echokardiogramm

Lungenfunktion

Kontraindikationen:

- **Absolute:**
  In allen Fällen gegeben, definitiv

3.17 Arterielle Hypertonie

Gefahr:

Das Risiko einer hypertensiven kardialen Komplikation kann durch Kombination von Blutdruck, Risikofaktoren, Endorganschäden und evtl. manifester Erkrankung abgeschätzt werden. Bei Stufe "niedrig" findet man weniger als 15% kardiovaskuläre Ereignisse pro 10 Jahre, bei Stufe "mittel" 15-20%. Um die erforderlichen Leistungsreserven zu gewährleisten, sollte kein höheres Risiko eingegangen werden

Krankheitsbilder, Diagnosen:

Risikostufen als Funktion der Blutdruckwerte und übrigen Risikofaktoren:

Risikokonstellation (Anzahl Risikofaktoren, Endorganschäden, manifeste kardiovask. Erkrankungen)	**Grad 1: 140-159 und/oder 90-99**	**Grad 2: 160-179 und/oder 100-109**	**Grad 3: ≥ 180 syst. und/oder ≥ 110 diast.**
0	niedrig	mittel	hoch
1-2 Risikofaktoren	mittel	hoch	sehr hoch
3 Risikofaktoren oder Diabetes Mellitus, Endorganschäden	hoch	hoch	sehr hoch
Manifeste Erkrankung	sehr hoch	sehr hoch	sehr hoch

Eine Verlaufsbeobachtung über mindestens 3 Monate und Einstellung mit antihypertensiven Medikamenten soll den Blutdruck auf normotone Werte reduzieren können. Ohne Risikofaktoren sind 150/95, sonst 140/90 anerkannte Grenzwerte (WHO/ISH 1999).

Abklärung:

Anamnese, Langzeitblutdruckmessungen, klinische Untersuchung,
EKG, Thorax-Röntgen, evtl. Hypertonie Abklärung,
Suche nach möglichen Zielorganschädigungen (Nieren, Augen, Gefässe, Herz)

Kontraindikationen:

- **Absolute:** Blutdruck über 160 systolisch und/oder 100 diastolisch Risikostufe hoch und sehr hoch. Zielorganschädigung: siehe dort
- **Relative:** Risikostufe mittel, wenn im Belastungsversuch eine normale aerobe Leistungskapazität symptomfrei bestätigt wird (Normwerte siehe Anhang)

***Empfehlung:** Jährliche Kontrolle nötig (cave Medikamentenwirkung)*

3.18 Orthostatische Hypotonie

Gefahr:

Keine tauchspezifische Gefahr

Krankheitsbilder, Diagnosen:

- Blutdruckabfall bei Lagewechsel verbunden mit Schwindel, Schwäche, Kollapsneigung eventuell Synkope. Eine orthostatische Hypotonie ist ein wichtiges Symptom einer autonomen Dysfunktion und kann zahlreiche Ursachen haben

Abklärung:

Abfall des systolischen Blutdrucks um 20 oder des diastolischen Druckes um 10 mmHg bei Lagewechsel. Bei älteren Menschen ist ein Blutdruckabfall dieser Grösse häufig und nicht mit Symptomen verbunden, weshalb die Diagnose nur beim Vorliegen entsprechender Symptome gestellt werden sollte

Weitere Abklärungen je nach vermuteter Ursache der Hypotonie

Kontraindikationen:

Entscheidend für die Tauchtauglichkeit ist die Grundkrankheit und der Schweregrad der Symptomatik und ihr Auftreten unter Belastung

3.19 Periphere arterielle Verschlusskrankheit, Status nach Revaskularisation

Gefahr:

Verminderte Leistungsfähigkeit, Ischämieschmerz

Krankheitsbilder, Diagnosen:

Stadien nach Fontaine:

- I Durchblutungsstörung ohne subjektive Symptome
- II Claudicatio intermittens
- IIa Schmerzfreie Gehstrecke > 300 m
- IIb Schmerzfreie Gehstrecke < 300 m
- III Ruheschmerz
- IV Akrale Läsionen resp. Gangrän

Abklärung:

Anamnese
Gefässauskultation
Beurteilung der Hautdurchblutung und Venenfüllung (Lagerungsprobe nach Ratschow)

Kontraindikationen:

- **Absolute:**
  Stadien IIb, III, IV
- **Relative:**
  Stadium IIa bei normalem Leistungstest (siehe Anhang des Manuals)

  Empfehlung:
  Information über eventuelle Risiken
- **Keine Kontraindikation:**
  Stadium I

3.20 Varicosis, chronisch venöse Insuffizienz

Gefahr:

Keine tauchspezifische Gefahr. Verletzlichkeit der Varizen, Infekt bei Ulcus

Krankheitsbilder, Diagnosen:

- Wandverdickung und Erweiterung der oberflächlichen Venen infolge Wandschwäche (primäre Varicosis) bzw. bei Insuffizienz der Venenklappen (Mündungsklappen, Klappen der Vv. communicantes: sekundäre Varicosis) mit unterschiedlich starker Ausprägung
- ziehende Schmerzen im Unterschenkel, Knöchel, Unterschenkelödeme (Stadium I)
- zusätzlich dystrophe Hautveränderungen (Stadium II)
- zusätzlich abgeheiltes oder florides Ulcus cruris (Stadium III)

Abklärung:

Anamnese

Lokalbefund

Tests nach Trendelenburg und Perthes

Evtl. Venen-Doppler, Phlebogramm

Kontraindikationen:

- **Absolute:**
  Tiefe Venenthrombose bis zur vollen Mobilisation
  Florides Ulcus cruris (Stadium III)
- **Keine Kontraindikation:**
  Varicosis; Stadium I und II der chronisch venösen Insuffizienz
  Abgeheiltes Ulcus cruris (Stadium III)

3.21 Status nach tiefer Venenthrombose

Gefahr:

Rezidiv, Lungenembolie

Krankheitsbilder, Diagnosen:

- Verschluss von Unterschenkelvenen, Vena poplitea resp. Vena femoralis, Beckenvenen

Abklärung:

Anamnese

Klinische Befunde

Phlebographie

Doppler

Kontraindikationen:

- **Absolute:**
  Bis zur vollen Mobilisation und Sportfähigkeit
- **Relative:**
  Generell sofort nach voller Mobilisation bis 6 Monate nach der Thrombose. Eine Antikoagulation stellt keine Kontraindikation fürs Tauchen dar

  Empfehlung:
  Information über Gefahr, individuelle Beratung. Längere Flugreisen sind für 3 Monate zu vermeiden

Nervensystem

Inhaltsverzeichnis

Nervensystem

Einführung

Voraussetzung für das selbständige Tauchen ist eine ungestörte Funktion des zentralen und peripheren Nervensystems, unter anderem zur motorischen Steuerung und als Integrationszentrum für die sensorische Wahrnehmung. Nur bei intakter Funktion des gesamten neurologischen Systems ist die zeitliche und räumliche Orientierung unter Wasser gewährleistet, nur dann kann von einer uneingeschränkten Tauchtauglichkeit ausgegangen werden.

Das zentrale und das periphere Nervensystem werden beim Tauchen z.B. durch hohe Partialdrücke der Inertgase beeinflusst. Mit komprimierter Luft tritt ab ca. 30 Meter Tiefe eine zunehmende Inertgasnarkose ein, die sich nicht wesentlich von einer Lachgasnarkose unterscheidet. Eine Zunahme des Sauerstoffpartialdruckes über 1,7 bar (170 kPa), entsprechend 75 Meter Tiefe mit Druckluft, beeinflusst theoretisch die zentralnervösen Reizschwellen so, dass epileptische Anfälle ausgelöst werden können. Dieser zeitabhängige, neurotoxische Sauerstoffeffekt tritt bei Atmung von reinem Sauerstoff bereits ab etwa sieben Meter Tiefe auf. Beim Tauchen mit Druckluft wird die Grenze der Sauerstofftoxizität praktisch kaum erreicht, aber ein vorgeschädigtes Gehirn kann auch bei kleineren Partialdrücken schon reagieren. Überdies können beim Tauchen typische Umgebungsfaktoren labile neurophysiologische Reaktionsmuster hervorrufen: Durch Abkühlung des Körpers kann bei einem paretischen Patienten ein Muskelspasmus ausgelöst werden oder durch besondere Lichteffekte bei einem Epileptiker ein Krampfanfall.

Bei der Beurteilung der Tauchtauglichkeit muss in erster Linie von der Grundkrankheit und ihren möglichen Komplikationen ausgegangen werden: Die Gefahr einer plötzlichen Bewusstseinstrübung beispielsweise bedeutet Tauchuntauglichkeit, und Lähmungen können die Handhabung der Ausrüstung und die Leistungsfähigkeit in kritischen Situationen schwer beeinträchtigen. Da andererseits die Gewichtslosigkeit im Wasser einem teilweise gelähmten Menschen die Gelegenheit bietet, durch Ausübung des Tauchsports eine Bewegung im dreidimensionalen Raum zu erleben und neuerdings auch Tauchkurse für Behinderte angeboten werden, mussten für diese Gruppe neue Kriterien der Tauchtauglichkeit formuliert werden. Diese eingeschränkte Tauchtauglichkeit (siehe Anhang), die das Tauchen unter besonderen Bedingungen erlaubt, hat freilich nichts mit der Tauchtauglichkeit jener Taucher zu tun, die ihre Sportart ohne Einschränkung ausüben möchten.

Schliesslich ist der Dekompressionszwischenfall oder die "Bläschenkrankheit" (DCI, siehe Kapitel "Grundlagen") und die mit ihm einhergehenden neurologischen Symptome zu erwähnen. Dabei handelt es sich in der Regel um Gasembolien im Rückenmark oder im Gehirn, die sich selbst nach Dekompressionsregel konformen Tauchgängen mit neurologischen Ausfallsymptomen äussern können. Ein Zusammenhang zwischen dem Auftreten der DCI und anderen neurologischen Leiden besteht nicht; selbst Taucher mit Residuallähmungen nach DCI sind nicht anfälliger für das Wiederauftreten einer DCI als nach einer Lähmung anderer Ursache. Allerdings gibt es Risikofaktoren, die eine Prädisposition für die Dekompressionskrankheit darstellen (siehe entsprechende Kapitel, z. B. Rechts-Links-Shunt bei Lungenveränderungen oder offenem Foramen ovale, auch Adipositas und höheres Alter). Diese Möglichkeiten sind mit den Betroffenen nach einer durchgemachten DCI ohne erkennbare Ursache zu besprechen.

4.1 Epilepsie

Gefahr:

Anfälle, Bewusstlosigkeit, Aspiration

Krankheitsbilder, Diagnosen:

- Rezidivierend auftretende zentralnervöse Krampfanfälle infolge abnormer elektrischer Aktivität des Gehirns
- Auch andere neurologische Funktionsstörungen kommen vor: Sensible, kognitive, emotionale Ereignisse. Die klinische Form der Epilepsie ist bezüglich Tauchtauglichkeit irrelevant. Neben der idiopatischen gibt es auch die
- Symptomatische Epilepsie, z.B. bei Hirntumor oder posttraumatisch, welche nach den gleichen Kriterien beurteilt wird.

Abklärung:

Anamnese, EEG, MR-Tomographie (Beurteilung durch den Neurologen)

Kontraindikationen:

- **Absolute:** Jede Epilepsieform, sofern
  - der letzte Anfall weniger als 5 Jahre zurückliegt
  - sie medikamentös behandelt wird
  - das EEG pathologisch ist
- **Relative:** Jede Epilepsieform, sofern die folgenden drei Bedingungen erfüllt sind:
  - Seit über 5 Jahren anfallsfrei
  - EEG, Provokations-EEG und MRT normal
  - Eine medikamentöse Therapie ist nicht mehr nötig

  Ausnahmeregelungen nach Rücksprache mit dem Neurologen

  ***Empfehlung:** In Anbetracht des Restrisikos begleiteter Tauchgang; stets Information des Tauchpartners*
- **Keine Kontraindikation:** Einmaliger Krampfanfall (sog. "Gelegenheitskrampf"), sofern nach adäquater Abklärung keine Epilepsie vorliegt und das EEG normal ist

4.2 Multiple Sklerose

Gefahr:

Eingeschränkte Leistungsfähigkeit

Krankheitsbilder, Diagnosen:

- Demyelinisierende Krankheit des Zentralnervensystems mit fokalen oder multifokalen neurologischen Funktionsstörungen wie Sehstörungen, Nystagmus, Dysarthrie, vermindertem Vibrations- und Lagesinn, Ataxie, Intentionstremor, Schwäche und Lähmungen der Extremitäten, Miktionsschwierigkeiten. Verlauf: schubförmig mit Remissionen oder chronisch progredient.

Abklärung:

Anamnese

Neurostatus

Weitere Abklärungen (MRI, Liquordiagnostik etc.) durch Neurologen

Kontraindikationen:

- **Absolute:**
  - Akuter Schub
  - Symptome, welche die Leistungsfähigkeit, die Orientierung oder die Handhabung der Ausrüstung beeinträchtigen wie Atemschwierigkeiten, Gleichgewichtsstörungen, spastische Gehstörungen
  - Lähmungen (siehe hierzu 4.3)
- **Relative:**
  - Leichte persistierende Residuen wie Sensibilitätsstörungen. Andere Ausnahmen können durch den Neurologen bestimmt werden
  - Gewisse Lähmungen lassen heute das Tauchen im Rahmen des Behindertensports zu (siehe Anhang)

  Empfehlung:
  Information des Begleiters

4.3 Lähmungen

Gefahr:

Eingeschränkte motorische Leistungsfähigkeit

Krankheitsbilder, Diagnosen:

- Myogene Lähmungen
- Neurogene Lähmungen jeglicher Genese: Cerebral, spinal, peripher, spastisch oder schlaff

Abklärung:

Anamnese

Neurologischer Status

Weitere Abklärungen (MRI, CT, EMG etc.) durch Neurologen

Kontraindikationen:

- **Absolute:**
  - Akute, zentrale, periphere oder schnell progressive Lähmungen
  - Lähmungen, sofern sie eine Aspirationsgefahr oder ungenügende Atemfunktion bewirken
- **Relative:**
  Alle Lähmungen, welche die Leistungsfähigkeit beim Schwimmen und Tauchen beeinträchtigen

  ***Empfehlung**:*
  Eingeschränkte Tauglichkeitsbescheinigung "im Rahmen des Behindertentauchens"(siehe Anhang)
- **Keine Kontraindikation:**
  Restläsion, zum Beispiel Status nach Diskushernie, Status nach Poliomyelitis, periphere kleinere Lähmungen, sofern der Betreffende selbständig schwimmen, tauchen und notfalls auch unter Wasser Hilfe leisten kann

4.4 Zerebrovaskuläre Insuffizienz, Status nach Apoplexie

Gefahr:

Erneute zerebrovaskuläre Störung beim Tauchen, Rezidivrisiko nicht abschätzbar

Krankheitsbilder, Diagnosen:

- TIA: Transitorische ischämische Attacke (plötzlich auftretende neurologische Defizite, die innerhalb von 24 Stunden verschwinden)
- PRIND: Prolonged reversible ischemic neurological deficit. Entspricht einem ischämischen Insult, bei dem die neurologischen Defizite länger als 24 Stunden dauern, aber von einer restitutio ad integrum gefolgt sind
- Zerebraler Infarkt mit nur teilweise reversiblen Symptomen
- Status nach Apoplexie mit irreversiblen neurologischen Defiziten
- Primäre Hirnblutung, hämorrhagischer Infarkt

Abklärung:

Anamnese, neurologische Untersuchung, weiterführende zerebrovaskuläre Diagnostik durch Neurologen

Kontraindikationen:

- **Absolute:**
  - Nachgewiesene anatomische Veränderungen der Gefässe
  - Rezidivierende neurologische Ausfälle
  - Unvollständige Remission nach Insult
  - Sekundäre Epilepsie
  - Status nach primärer Hirnblutung
- **Relative:**
  Status nach einmaligem Ereignis (TIA, PRIND), bei vollständiger Erholung und normalem Neurostatus, wenn nicht das Grundleiden eine Kontraindikation darstellt

  ***Empfehlung:** Orientierung über Risiko*

4.5 Neuropathien

Gefahr:

Beeinträchtigte motorische Leistungsfähigkeit, erhöhtes Verletzungsrisiko bei sensiblen Ausfällen

Krankheitsbilder, Diagnosen:

- Erkrankung sensibler und motorischer peripherer Nerven, wobei axonale oder demyelinisierende Prozesse im Vordergrund stehen können. Unterschieden werden, je nach Muster des Befalls, Mononeuropathie, Mononeuropathia multiplex, Polyneuropathie. Polyneuropathien finden sich bei einer Reihe von Systemerkrankungen in Assoziation mit Medikamenten und Toxinen oder sie sind genetisch bedingt

Abklärung:

Anamnese, Neurostatus, EMG, weitere Abklärungen je nach vermuteter Ursache

Kontraindikationen:

- **Absolute:**
  - Lähmungen im Stadium rascher Progredienz (Guillain-Barré)
  - Lähmungen, welche eine Aspirationsgefahr oder ungenügende Atemfunktion bewirken
- **Relative:**
  - Ausschliesslich sensible Störungen und Schmerzen
  - Neuropathien, welche die Leistungsfähigkeit beim Schwimmen und Tauchen beeinträchtigen. Meist stehen sensible Störungen im Vordergrund; in jedem Fall ist bei der Beurteilung der Tauchtauglichkeit auch die Grundkrankheit zu berücksichtigen

  Empfehlung: *Information über Gefahren. Bei motorischer Störung Einschränkung im Attest: "im Rahmen des Behindertentauchens" (siehe Anhang)*

- **Keine Kontraindikation:** Leichte sensible Störungen. Kleinere periphere Lähmungen, sofern der Betreffende selbständig schwimmen, tauchen und notfalls auch unter Wasser Hilfe leisten kann

4.6 Morbus Parkinson

Gefahr:

Beeinträchtigte motorische Leistungsfähigkeit, reduzierte Reaktionsfähigkeit

Krankheitsbilder, Diagnosen:

- Extrapyramidale Erkrankung mit Tremor, Rigor und Akinesie in unterschiedlicher Ausprägung. Nebst weiteren somatischen, finden sich meist auch psychische Symptome wie Verlangsamung der Denkabläufe, Stimmungslabilität, Affektstörungen

Abklärung:

Anamnese

Neurostatus

Diagnosestellung durch Facharzt obligatorisch

Kontraindikationen:

- **Absolute:**
  Therapieresistente Krankheitsverläufe, bei denen Rigor und Tremor medikamentös nicht befriedigend kontrolliert werden können
- **Relative:**
  Juveniler Parkinson. Alle medikamentös gut kompensierten Formen.
  Beachte: Eine medikamentöse Therapie ist an und für sich keine Kontraindikation; der Morbus Parkinson wird durch das Tauchen nicht beeinflusst

  Empfehlung:
  Vermeiden von physisch belastenden Tauchgängen

4.7 Aneurysmen der Hirngefässe, vaskuläre Missbildungen

Gefahr:

Ruptur (cave Valsalva). Bei Aneurysma subarachnoidale oder bei Missbildung intrazerebrale Blutung. Beim Tauchen deshalb auch Fremdgefährdung (Tauchpartner). Funktionsstörung eines Drainagesystems durch Tauchausrüstung

Krankheitsbilder, Diagnosen:

- Aneurysmen der Hirngefässe mit meist schweren neurologischen Symptomen oder als Zufallsbefund entdeckt und asymptomatisch, aber mit Rupturrisiko
- Ventriculo-peritonealer oder ventriculo-atrialer Shunt zur Behandlung des posthämorrhagischen Hydrozephalus

Abklärung:

Anamnese, neurologische Untersuchung

MRI, eventuell Angiographie, Ausschluss relevanter kognitiver Residualstörungen

Kontraindikationen:

- **Absolute:**
  Während der Rehabilitation nach einer Blutung und/oder nach Operation.
- **Relative:**
  - Behandelte, unrupturierte Aneurysmen, total entfernte vaskuläre Missbildung und geklippte Aneurysmen ohne Restsymptome
  - Asymptomatisches kleines Aneurysma oder AV-Missbildung
  - Ventrikulo-atriale und ventriculo-peritoneale Shunts mit guter Funktion, frühestens nach 6 Monaten

  Empfehlung:
  Hinweis auf Gefahren (nach Kraniotomie siehe auch 4.8)

4.8 Status nach Kraniotomie, Kraniektomie

Gefahr:

Mechanische Verletzbarkeit des Gehirns

Krankheitsbilder, Diagnosen:

- Schädeldachlücke (osteoklastische Kraniotomie)
- gedeckte (osteoplastische Kraniotomie)
- Schädeldachplastik nach Operation, Trauma oder Krankheit

Abklärung:

Anamnese

Konsultation der medizinischen Akten bei Status nach intrakraniellem Eingriff

Kontraindikationen:

- **Absolute:**
  - Kraniotomien solange nicht definitiv gedeckt. Zu berücksichtigen sind in jedem Fall neurologische Restbefunde, eine Epilepsie (siehe 4.1) nach Kraniotomie sowie die zur Kraniotomie führende Grundkrankheit
  - Jede Kraniektomie (osteoklastische Kraniotomie)
- **Keine Kontraindikation:**

  6 Monate nach Bohrloch oder Kraniotomie wenn radiologisch keine Osteitis nachweisbar.

  Cave: sekundäre epileptische Anfälle (inakzeptables Risiko!)

4.9 Status nach Schädel-Hirn-Trauma (SHT)

Gefahr:

Eingeschränkte Leistungsfähigkeit, Krampfanfälle, inadäquates Verhalten

Krankheitsbilder, Diagnosen:

- Leichtes SHT (I): Bewusstlosigkeit < 30Minuten, keine Schädelfraktur
- Mittelschweres SHT (II): Schädelfraktur und/oder Bewusstlosigkeit 30 min – 24 h
- Schweres SHT (III): Bewusstlosigkeit > 24 Stunden, intracranielles Hämatom und/oder Kontusion
- Evtl. ventriculo-peritonealer oder -atrialer Shunt bei posttraumatischem Hydrozephalus

Abklärung:

Anamnese
Konsultation der medizinischen Akten bei Status nach Spitalaufenthalt, evtl. Ausschluss von neuropsychologischen Residuen

Kontraindikationen:

- **Absolute:**
  - Alle SHT mit psychischen oder kognitiven Defekten, generell in der Akutphase
  - Schwere und mittelschwere SHT mit Erfordernis der intrakraniellen, neurochirurgischen Intervention
  - Shunts während 6 Monaten postop., immer bei Dysfunktion
- **Keine Kontraindikation:**
  - Status nach leichtem SHT (Wartefrist: 10 Tage)
  - Status nach mittelschwerem SHT ohne Residuen (Wartefrist: 6 Monate)
  - Shunts bei guter Funktion (Wartefrist: 6 Monate)
    Cave: epileptische Anfälle (inakzeptables Restrisiko)

4.10 Status nach DCI (Dekompressions-krankheit, Gasembolie)

Gefahr:

Rezidiv, erhöhtes Risiko bei Adipositas, höheres Alter, bei Lungenveränderungen mit Airtrapping und bei offenem Foramen ovale

Krankheitsbilder, Diagnosen:

Man unterscheidet:

- DCI nach zweifelsfrei korrekt durchgeführtem Tauchgang. Könnte auf Prädisposition hinweisen, z.B. offenes Foramen ovale oder "Airtrapping"
- DCI bei knapper oder ungenügender Dekompression, z.B. nach Notaufstiegen

Abklärung:

Obligate Untersuchung bei tauchmedizinischem Spezialist:
Neurologischer Status, MRT des Schädels, Thorax-Röntgenbild, Thorax-Spiral-CT. Bei sehr aktiven Tauchern (z.B. Tauchlehrer) und positiver Gelenksanamnese Röntgen von Schulter- und Hüftgelenken ap, Zusatzuntersuchungen gezielt bei Verdacht. Screening oder Abklärung für offenes Foramen ovale (siehe Seite 3.10) und Ausschluss eines pulmonalen "Airtrappings" (siehe Seite 2.5)

Kontraindikationen:

- **Absolute:** Definitv bei Nachweis von Airtrapping bei DCI durch Lungenbarotrauma. Während der ersten sechs Monate nach DCI mit erheblichen persistierenden neurologischen Symptomen. Bei Neigung zu Panikreaktionen (Hinweis: z.B. wiederholte Notaufstiege [s. 5.2]).
- **Relative:** Wenn drei Monate nach erfolgreich behandelter DCI keine relevanten neurologischen Symptome mehr vorhanden sind. Erhebliches Übergewicht (s. Adipositas 10.1), fortgeschrittenes Alter, DCI bei korrekt durchgeführtem Tauchgang, bei gesichertem offenem Foramen ovale (s. 3.10) als Ursache, Airtrapping ausgeschlossen

  ***Empfehlung:** Hinweise auf die Möglichkeit weiterer Dekompressions-zwischenfälle*
- **Keine Kontraindikation:** Status nach peripheren Symptomen, Status nach neurologischen Symptomen vor mehr als sechs Monaten, oben erwähnte Fälle ausgenommen. Residuen stellen keine Kontraindikation dar, solange keine erhebliche Funktionsbehinderung besteht

4.11. Kopfschmerzen

Gefahr:

Konzentrationsschwäche, Fehlverhalten

Krankheitsbilder, Diagnosen:

Man unterscheidet:

- Primäre Kopfschmerzen (Spannungskopfschmerz, Migräne, Cluster, Anstrengungskopfschmerz)
- Sekundäre Kopfschmerzen (organische Ursache bekannt und zum Teil gefährlich)

Der vielen Tauchern leider wohl bekannte Kopfschmerz nach dem Tauchgang, der sich meist regelmässig einstellt, ist bisher nicht ganz sicher gedeutet worden. Er entspricht am ehestens einem Anstrengungskopfschmerz. Differenzialdiagnostisch muss auch an eine CO_2 Retention bei willkürlich verändertem Atemrhythmus (skip breathing) bei Essoufflement aber auch bei Verwendung von Kreislaufgeräten oder speziellen Gasgemischen gedacht werden

Abklärung:

Anamnese
Neurostatus, MRI bei klinischem Hinweis auf eine intrakranielle Läsion

Kontraindikationen:

- **Absolute:** Noch nie in dieser Art vorhandener Kopfschmerz
  Kopfschmerz mit relevanten neurologischen Ausfällen
  (z.B. Gleichgewichtsstörungen)
- **Relative:** Migräne im Anfall

  ***Empfehlung**: warten bis frei von Symptomen (Schwindel, Bewusstseinstrübung), Hinweis auf Unberechenbarkeit der Anfälle*
- **Keine Kontraindikation:** gutartiger Anstrengungskopfschmerz (während oder nach dem Tauchen)

Psychiatrie

Inhaltsverzeichnis

Psychiatrie

Einführung

Die Psyche befindet sich während des Tauchens in einer permanenten, kontrollierten Stresssituation, weil der Aufenthalt im fremden Unterwassermilieu mit seinen veränderten physikalischen und biologischen Bedingungen eine andere Verarbeitung der propriozeptiven, visuellen, akustischen und haptischen Reize erfordert. Diese neugeforderte Reizverarbeitung erfolgt durch Koordination und Integration im frontalen Cortex und wird durch entsprechendes Tauchtraining gefördert und erleichtert. Neben Reizen aus dem Körperinnern muss der Taucher mit erhöhter Aufmerksamkeit zusätzlich seine Umgebung und die Apparate überwachen, die ihm einen Aufenthalt unter Wasser erst ermöglichen und die ihn jederzeit vor unvorhergesehene Ereignisse stellen können wie die Unterbrechung der Luftzufuhr oder Veränderung der Strömungs-, Licht- und Temperaturverhältnisse etc.

Bei jedem Tauchunfall besteht ein Missverhältnis zwischen einem während des Tauchgangs entstandenen Problem und den Fähigkeiten der beteiligten Taucher, dieses angemessen lösen zu können. Letztlich ist das schwächste Glied in der Kette meistens der Taucher selbst. Tauchunfälle sind oft multifaktoriell bedingt. Einzelprobleme sind meistens noch zu lösen. Wenn aber bei Summation von Risikofaktoren und unvorhergesehenen Ereignissen Problemlösungsstrategien nicht reflexartig ablaufen oder durch bewusste Kontrolle eingeleitet werden können, kommt es zur psychovegetativen Aktivierung (arousal), ausgelöst durch hormonale und emotionale Faktoren, was im ungünstigsten Fall zu einer unkontrollierten Panikreaktion mit unter Umständen fatalen Folgen führen kann. Diese wird somit durch ein Zusammentreffen von problematischen äusseren Bedingungen (technische Defekte, Umgebungseffekte, Partner u.a.), physischen Faktoren (z.B. Hyperventilation, Ermüdung, N_2-Narkose etc.) und psychischer Überforderung (Angst, Furcht) ausgelöst. So lässt sich in der Regel eine Ursachenkette für den Tauchunfall rekonstruieren, in der psychische Faktoren oft die entscheidende Rolle spielen.

Tödliche Tauchunfälle sind meistens auf menschliches Versagen zurückzuführen. In der Mehrzahl der Ereignisse entsteht Panik, ausgelöst durch innere, emotionale und äussere, bedrohliche Faktoren. Unkontrolliertes Entfernen der Luftzufuhr und der Gesichtsmaske sowie Umsichschlagen mit Verletzungen können schon unter Wasser zum Ertrinken führen, während ein unkontrolliertes Auftauchen mit dem Risiko von Barotraumata der Lunge, von Gasembolien mit zerebraler Schädigung und damit unter Umständen vom Ertrinken an der Wasseroberfläche gefolgt sein kann.

Deshalb steht der Untersucher vor der Aufgabe, etwas über jene Persönlichkeitsmerkmale des Tauchkandidaten herauszufinden, die Auskunft über seine Stresstoleranz und Stressbewältigung geben sowie etwas über seine Problemlösungsstrategien unter emotionellem Druck aussagen. Dies hängt mit der persönlichen Grundstruktur zusammen, die für eine Reihe von Persönlichkeitsmerkmalen ausschlaggebend ist.

Bei Stress kommt es zu einer Belastung, weil ein Ungleichgewicht besteht, zwischen einem „belastenden" Ereignis und den individuell verschiedenen Möglichkeiten, mit diesem Ereignis umzugehen.

Äussere oder innere Ereignisse können zu einer psychischen Belastung führen. Der menschliche Körper reagiert auf diese Belastung mit einer physiologischen und psychologischen Reaktion, der Stressreaktion, die die Kampf-, Flucht-, Furchtreaktion ermöglicht.

Physiologisch erfolgt eine Umstellung des Hormonhaushalts mit Freisetzung von Korticosteroiden und Katecholaminen, was sich körperlich in Schwitzen, Zittern, Blutdruckerhöhung, Zentralisierung des Kreislauf etc. äussern kann. Psychologisch verändert sich die Gefühlslage, die Wahrnehmung und die Fähigkeit, das Wahrgenommene situationsgemäss zu bewerten und weiterzuverarbeiten. Unter Stress ist das Erleben, Bewerten und Verarbeiten von neuen Erfahrungen sowie das Einsetzen vorhandener Fähigkeiten erschwert, was im artfremden Unterwasser-Milieu zusätzlich belastend sein kann. Dass ein Ereignis als Stress empfunden wird, hängt von verschiedenen individuellen Faktoren ab:

Intrapsychische Faktoren: sowohl allgemeine Ängstlichkeit (genetisch oder durch schlechte Vorerfahrungen bedingt), als auch die Fähigkeit, Stress besser ertragen zu können. Körperliche Faktoren: Gesundheitszustand, Trainingszustand. Psychologische Faktoren: Motivation, Taucherfahrung, Ausbildungs- und Wissensstand. Soziale Faktoren: Verändertes Verhalten in Gruppen, Gruppendruck, Angst, sich vor anderen lächerlich zu machen.

Wie kann sich der Untersucher nun ein Bild von der Gesamtpersönlichkeit eines Tauchkandidaten machen?

Allgemeine Ängstlichkeit geht meistens mit einer psychovegetativen Labilität einher. Die Anamnese der persönlichen Entwicklung und die Untersuchung der vegetativen Funktionslage können weitere Auskünfte geben (Dermographismus, Hyperventilation, übermässiges Schwitzen und labiler Blutdruck, vasovagale Synkopen). Der Ängstliche vermeidet neue Stimuli, und reagiert auf unbekannte Reize mit erhöhter psychovegetativer Erregung bis zur Panik oder er reagiert auf erhöhte Anforderungen mit Hilflosigkeit, Rückzug oder Apathie. Fragen nach Bewältigung von Prüfungssituationen (Schule, Beruf, Militär, Auto) und von persönlichen, emotional bedeutenden Ereignissen (Beziehung, Ehe, Scheidung, Unfälle, Tod) geben weitere wichtige Anhaltspunkte.

Es soll auch nach besonderen Ereignissen unter Wasser gefragt werden, um Einsicht in das jeweilige Tauchverhalten zu bekommen und eine eventuell vorhandene Erwartungsangst zu entdecken, die in ähnlichen Situationen ohne weiteres zu Panik führen kann.

Ehrgeizige und leistungsorientierte Taucher verbergen und verleugnen oft ihre Ängste und Schwächen, um sich vor den anderen nicht zu blamieren. Sie brauchen das Erfolgserlebnis, das sich durch die Überwindung der Angst einstellt und profitieren davon auch im Alltag. Durch dieses Verhalten kann ein adäquates Rückzugsverhalten in Problemsituationen blockiert werden, wodurch der Taucher sich und seine Partner gefährden kann.

Die Motivation ist einer der wichtigsten Stabilisierungsfaktoren für die Psyche, welcher die Hirnleistungskapazität zur Bewältigung komplexer Situationen erhöht. Fremdmotivierte Taucher zeigen eine niedere Frustrationstoleranz, fühlen sich leicht überfordert und geraten bei Problemen schnell in Panik. Es ist deshalb Aufgabe des Untersuchers, die Motivation genau zu erfragen und schlecht oder fremdmotivierten Kandidaten vom Tauchen abzuraten. So ermöglicht ihnen der Untersucher oft den heimlich erwünschten Ausweg aus dieser Konfliktsituation .

Allgemein sollte der Taucher über eine altersentsprechende Reife verfügen und er sollte Eigenverantwortung übernehmen können. Die Intelligenz, die Bildung und das Urteilsvermögen sollten so weit entwickelt sein, dass die physikalischen Zusammenhänge und die Risiken beim Tauchen abgeschätzt werden können. Fragen nach Schulbildung, persönlichen Entwicklungsdaten und bedeutenden Lebensereignissen helfen, an die gewünschten Informationen zu kommen. Wichtig ist auch ein Minimum an sozialer Kompetenz. Eigenwilliges oder aggressives Verhalten, Neigung zu Impulsdurchbrüchen, Absonderungstendenzen und mangelnde Kooperationsbereitschaft sind für die Tauchergemeinschaft problematisch.

In dieser Gruppe ist auch auf jene Persönlichkeiten zu achten, die Tauchen als Nervenkitzel betreiben, sich ständig an den Risikogrenzen bewegen und an jene, die das Tauchen suchtartig wegen der angenehmen, rauschinduzierenden Wirkung der Tiefe betreiben. Fragen nach Art, Tiefe, Stil und Häufigkeit der Tauchgänge, nach Beinaheunfällen und nach der Ausübung anderer Extremsportarten können hier hilfreich sein. Solche Taucher gefährden sich und die anderen und sollten zumindest auf die Gefahren und medizinischen Konsequenzen aufmerksam gemacht und gewarnt werden.

Zentral für das Erkennen psychiatrischer Erkrankungen ist das ausführliche Erheben einer Anamnese. In der Familienanamnese ist nach psychischen Erkrankungen oder Auffälligkeiten von Eltern, Geschwistern und Kindern zu fragen. Neben der allgemeinen Erhebung der körperlichen Anamnese ist auch die aktuelle psychische Befindlichkeit zu erfragen. Fragen nach Schlafstörungen, Stimmungsschwankungen, Veränderungen des Antriebs und/oder Appetits oder nach eingenommenen Medikamenten können hier weiterhelfen. Führen etwaige bekannte psychische Erkrankungen zu Einschränkungen im Alltag oder befindet sich der Kandidat in einer Psychotherapie, sind weitere wichtige Fragen. Bei Verdacht auf eine psychische Beeinträchtigung mit Krankheitswert, sollte die Tauchtauglichkeit nicht ohne Hinzuziehung eines Fachkollegen attestiert werden.

Zusätzlich ist auch zu beachten, dass eine ganze Reihe organischer Erkrankungen auch in psychischen Belastungssituationen eine Verschlimmerung erfahren können. Stress zum Beispiel ist sehr wohl in der Lage, bei einem gut kompensierten Asthmatiker einen Anfall auszulösen. Entsprechende Komplikationen können bei Hypertonie, Diabetes mellitus, Hypoglykämie oder Epilepsie auftreten.

Die Problematik psychischer Beeinträchtigungen, verbunden mit solchen Erkrankungen, kann zu einer Tauchuntauglichkeit führen, obwohl jede Beeinträchtigung für sich genommen keine Kontraindikation dargestellt hätte.

Die "klassischen" psychiatrischen Krankheiten wie Psychosen, Depressionen, schwerere Neurosen, Phobien, Panikerkrankung und Suchtkrankheiten schliessen eine Tauchtauglichkeit meistens aus. Einzelheiten sind auf den folgenden Seiten festgehalten.

5.1 Hyperventilationssyndrom

Gefahr:

Selbstgefährdung durch respiratorische Alkalose, Hypokapnie, welche zu Muskelkrämpfen, einer Minderdurchblutung des Gehirns und einer Vasokonstriktion führt mit nachfolgender Gefahr der hypoxiebedingten Bewusstlosigkeit

Krankheitsbilder, Diagnosen:

- Nicht kontrollierbar ablaufende Hyperventilation, ausgelöst durch Emotionen wie Angst und Panik als Reaktion auf angstvolle und komplexgeladene Situationen
- Die Angst erzeugt einen Stress, welcher als Kampf-Flucht-Antwort mit Hyperventilation abgebaut wird. Begleitsymptomatik: Tetanie (Geburtshelfer- und Pfötchenstellung), Tetanie Äquivalente (Bronchospasmus). Typisch ist rasches Ansprechen auf Rückatmung (Plastiksack). Das Hyperventilationssyndrom ist als einmaliger Zustand in der Gesamtpopulation häufig
- Zu unterscheiden hiervon ist die willkürlich durchgeführte Hyperventilation, z.B. beim Streckentauchen

Abklärung:

Anamnese (Erfragen nach obgenannten Ereignissen)

Fragen nach Schwierigkeiten bei der Verarbeitung von Angst (Erwartungs- und Prüfungssituationen)

Kontraindikationen:

- **Absolute:**
  Echtes Hyperventilationssyndrom im Sinne von mehrmaligem Auftreten von behandlungsbedürftigen Hyperventilationsereignissen. Allenfalls auch bei eindeutiger Disposition zu Hyperventilationssyndrom auch ohne behandlungsbedürftige Notfallsituation
- **Relative:**
  Bei Status nach einem einmaligen Anfall, wenn eindeutige Zusammenhänge zu auslösenden Mechanismen hergestellt werden konnten

  Empfehlung:
  Spezifische Atemschulung; Information über die Risiken

5.2 Panikstörung, Panikattacke

Gefahr:

Spontan auftretender Panikanfall oder als Reaktion auf eine vermeintliche oder reale Gefahr. Kann zu unkontrolliertem Notaufstieg, zu Barotrauma oder Dekompressionszwischenfall führen. Stimmritzenkrampf kann Zeichen eines Panikanfalles sein. Dadurch Eigen- und Fremdgefährdung des Tauchpartners mit Gefahr einer Notfallsituation für beide

Krankheitsbilder, Diagnosen:

Plötzlicher Zustand schwerer Angst oder Todesangst, spontan auftretend oder als Reaktion auf eine vermeintliche oder reale Gefahr. Plötzliche Bewusstseinseinschränkung mit sinnlosem und primitivem Abwehr- und Fluchtverhalten sowie Erregungs- und/oder Hemmungszuständen.

- Panikstörung: Wiederholte Panikattacken, die nicht an spezifische Situation oder Objekt gebunden sind. Nicht verbunden mit speziellen Anstrengungen, gefährlichen oder lebensbedrohlichen Situationen. Oft spontan auftretend
- Panikattacke: Episode intensiver Angst oder Unbehagen, abrupt beginnend, erreicht innerhalb weniger Minuten ein Maximum, dauert mindestens einige Minuten bis ca. 1 Stunde, einhergehend mit vegetativen (z.B. Zittern), thorakalen (z.B.Atemnot und Erstickungsgefühle), abdominalen (z.B.Nausea) und psychischen Symptomen (z.B. Todesangst)

Abklärung:

Anamnese. Ein- oder mehrmalige Panikattacken, spontan auftretend oder an spezifisches Ereignis gebunden, Verdacht auf Anfälligkeit (Komorbidität) für Panikstörung, z.B. bei allgemeiner Ängstlichkeit, bei sozialen Phobien, spezifischen Phobien, Hypochondrie und Zwangskrankheit. Bei Unklarheiten und bei Auftreten von nicht erklärbaren Panikreaktionen, Beurteilung durch Psychiater erforderlich

Kontraindikationen:

- **Absolute:** Bei gesicherter Diagnose (siehe oben) oder Verdacht auf Panikstörung
- **Relative:** Bei plausibel erklärbarer, einmaliger Panikattacke. Bei Verdacht auf Hypochondrie, Zwangskrankheiten, spezifischen Phobien, generalisierte Angststörung, falls Zustimmung des Psychiaters

***Empfehlung:** Ausführliche Besprechung mit dem Taucher*

5.3 Persönlichkeitsstörungen

Gefahr:

Verringerte Selbstkontrolle, emotionale Instabilität, Aggressivität, Reizbarkeit, Impulsivität, inadäquate Reaktionen, autodestruktives Verhalten, Missachtung sozialer Normen, sozial nicht kompetent

Krankheitsbilder, Diagnosen:

Unter dem Begriff der Persönlichkeitsstörung finden sich eine Reihe unterschiedlicher, anhaltender Zustandsbilder und Verhaltensmuster, die häufig zu Konflikten mit der Umwelt führen. Häufig in Verbindung mit mangelnder Reife und/oder Intelligenz und mangelnder Frustrations- und Angsttoleranz. Hinweise für eine Persönlichkeitsstörung ergeben sich während der Abklärung bereits im Kontakt mit dem Tauchkandidaten. Inadäquates Verhalten und leichtes In-Konflikt-Geraten im Kontakt mit dem Untersucher. Starke Selbstbezogenheit, leichtes Gekränktsein, theatralisches, bizarres Verhalten sind Hinweise

- Frage nach der Stressfähigkeit, Reaktionen auf besondere Belastungen (z.B. Stress-Situationen im Militärdienst, am Arbeitsplatz, in Examen, Fahrprüfungen etc.)
- Frage nach psychiatrischen Behandlungen, Medikamenten, Alkohol,
- Fragen zur Tauchmotivation
- Fragen nach Schulbildung

Kontraindikationen:

- **Absolute:**
  Schwere Persönlichkeitsstörungen, die fachärztlicher Behandlung bedürfen
- **Relative:**
  Auffällige Persönlichkeitsstörungen (Psychiatrisches Konsilium)
  Der Tauglichkeitsentscheid kann oft erst nach einem Beobachtungsintervall definitiv gefällt werden, wozu eine Absprache mit eventuellen Betreuern und dem Tauchlehrer notwendig ist

  Empfehlung: *Obligate Betreuung durch informierten Tauchlehrer. Definitive Beurteilung nach festgelegtem Zeitintervall*

5.4 Psychosen (akute und in Remission)

Gefahr:

Selbst- und Fremdgefährdung im Wasser durch psychotische, irreale, inadäquate Reaktionen

Krankheitsbilder, Diagnosen:

- Schizophrenie und andere wahnhafte Störungen. Schwere psychische Erkrankung der gesamten Persönlichkeit mit Störungen des Denkens, der Wahrnehmung (z.B. Stimmenhören), des Affektes (inadäquat, verflacht), des Körper- und Selbstgefühls, des Willens und der Beziehung zur Aussenwelt. Die Bewusstseinsklarheit und die intellektuellen Fähigkeiten sind meist nicht beeinträchtigt. Verlauf kontinuierlich oder in Schüben mit der Möglichkeit der Totalremission oder der Ausbildung von Defektzuständen

Abklärung:

Anamnese und Befund, dabei insbesondere auf Wahninhalte oder Verfolgungsgefühle achten. Beschaffung der entsprechenden Unterlagen

Bei Beurteilungsschwierigkeiten psychiatrisches Konsilium

Kontraindikationen:

- **Absolute:**
  - Akute Psychose psychischen oder organischen Ursprungs
  - Psychosen in Remission (Anamnese) unter Psychopharmaka (Neuroleptika, Tranquilizer, Antidepressiva)
- **Relative:**
  Jeweils in Absprache mit dem Facharzt zu stellen, zum Beispiel Status nach schizophrener Psychose mit wiederhergestellten Beziehungen zum sozialen Umfeld , keine Einnahme von Medikamenten.

  Empfehlung: *Tauchärztliche Kontrollen in etwas verkürzten Abständen, in Absprache mit Facharzt, Hausarzt und Tauchinstruktor*

5.5 Depression

Gefahr:

Selbst- und Fremdgefährdung. Gefahr einer manchmal schwer einschätzbaren Suizidalität, zum Beispiel bei agitierter Depression

Krankheitsbilder, Diagnosen:

- Symptomkomplex mit folgenden Elementen: Dysphorische Verstimmung, Verlust von Interesse sowie Freude an gewohnten Tätigkeiten und Hobbys, einhergehend mit Appetitstörung, Gewichtsveränderungen, Schlafstörungen, psychomotorischer Erregung oder Hemmung, Gefühlen der Wertlosigkeit oder Schuld, Konzentrationsschwierigkeiten, Gedanken um Tod und Suizid. Schweregrad und Dauer können sehr variieren

Abklärung:

Anamnese
Verlauf: Fragen nach früheren depressiven oder manischen Phasen.
Bei psychiatrischer Vorgeschichte Beschaffung vorhandener Unterlagen.
Psychiatrisches Konsilium bei Beurteilungsschwierigkeiten

Kontraindikationen:

- **Absolute:**
  - Akute Depression
  - Depression in Behandlung unter Antidepressiva (Ausnahmen sind auf Antrag des Psychiaters möglich)
  - Remission unter Antidepressiva
  - Status nach wiederholten Suizidversuchen
- **Relative:**
  Überwundene Depression ohne medikamentöse Therapie und ohne akute Suizidgefährdung

  Empfehlung:
  Einstellen des Gerätetauchens, wenn sich eine neue Depression ankündigt

5.6 Manie (manisch-depressives Kranksein)

Gefahr:

Selbst- und Fremdgefährdung durch Überschätzen der eigenen Persönlichkeit mit Gefahr unkontrollierter Agressivität, Kritiklosigkeit, Verlust der Selbstkontrolle, Unterschätzung von Gefahrensituationen

Krankheitsbilder, Diagnosen:

- Gehobene Stimmungslage, Expansivität, Reizbarkeit; des weiteren können Hyper-aktivität, Rededrang, übertriebenes Selbstwertgefühl, Ablenkbarkeit, Ideenflucht und meistens eine verzerrte Wahrnehmung der Realität vorhanden sein, ebenso ein vermindertes Schlafbedürfnis

Abklärung:

Anamnese: bei psychiatrischer Vorgeschichte Beschaffung vorhandener Unterlagen

Bei der Abklärung helfen folgende Punkte weiter:

Frage nach der Stimmung: Euphorie, übertriebene Begeisterungsfähigkeit oder abnorme Reizbarkeit. Hyperaktivität beruflicher, sexueller, politischer, religiöser Art. Übertriebene Geselligkeit, ungerechtfertigter Optimismus, Grössenideen und Mangel an Urteilsfähigkeit. Rücksichtslosigkeit, zum Beispiel beim Autofahren, übertriebenes Selbstwertgefühl. Laute, schnelle und schwer zu unterbrechende Sprechweise, Witzsucht, Ideenflucht und inkohärentes Denken. Schlafstörungen. Cave: der Maniker kann für den Untersucher sehr faszinierend sein. Deshalb gilt:

Ein fehlendes Krankheitsgefühl schliesst eine Manie nicht aus, sondern es ist die Regel

Kontraindikationen:

- **Absolute:** Akute Manie, akute manisch-depressive Psychose
- **Relative:** Status nach manischer Episode, sofern die soziale und berufliche Integration gelungen und eine Pharmakotherapie nicht mehr nötig ist

  Empfehlung: *Information des Tauchpartners, Beobachtung des Kandidaten*

5.7 Anorexia nervosa

Gefahr:

Schnelle physische Erschöpfbarkeit, Hypothermie durch Vermeidung kalorienreicher Nahrung und unerwartetes Erbrechen können den Taucher selbst und seinen Partner gefährden

Krankheitsbilder, Diagnosen:

- Schwere, schlecht behandelbare psychosomatische Störung, v.a. in der Adoleszenz beginnend, geprägt von der starken Furcht, dick zu werden bei gleichzeitig fortschreitendem Gewichtsverlust. Kaum Krankheitseinsicht. Primäre oder sekundäre Amenorrhoe während mindestens drei Monaten. Auch nach erfolgter Therapie bleiben schwere psychische und soziale Probleme sowie ein abnormales Essverhalten bestehen

Abklärung:

Anamnese, insbesondere betreffend Essgewohnheiten, häufigem Erbrechen, Amenorrhoe, sowie der meist in grösserer Zahl vorhandenen somatischen Beschwerden. Auffällig ist die Diskrepanz zwischen objektivem Befund und subjektiv fehlendem Krankheitsgefühl!

Status

Das Körpergewicht liegt unter 70% des Normalgewichtes

Komorbidität mit Bulimie (Anorexie geht in Bulimie über) und Depressionen

Kontraindikationen:

- **Absolute:** Bei manifestem Krankheitsbild
- **Relative:** Status nach Anorexie, ohne Angst, Depressionen, und sofern sich das Essverhalten normalisiert hat, das Körpergewicht stabil und die psychosoziale Reintegration gelungen ist

  Empfehlung: *Jährliche Neubeurteilung wegen des hohen Rückfallrisikos*

5.8 Abusus von Alkohol, Drogen und Medikamenten

Gefahr:

Selbst- und Fremdgefährdung durch Beeinträchtigung des Bewusstseins, Persönlichkeitsveränderungen oder akutes Entzugssyndrom

Krankheitsbilder, Diagnosen:

- Missbrauch: körperlicher und seelischer Schaden aufgrund des Gebrauchs von Alkohol, Drogen oder Medikamenten in übermässiger Menge und/oder missbräuchlicher Art. Je nach Noxe häufig begleitende Organschäden
- Abhängigkeit: zusätzlich übermächtiges und unaufschiebbares Verlangen nach der Einnahme von Drogen und Alkohol

Abklärung:

Anamnese, körperliche Untersuchung. Zu achten ist insbesondere auf Einstichstellen, Polyneuropathien, Störungen des Magen-Darm-Traktes, reduzierten Allgemeinzustand, Epilepsie, etc.

Kontraindikationen:

- **Absolute:**
  Bei etabliertem Abusus, bei Abhängigkeit

- **Relative:**
  Bei Abstinenz von mindestens einem Jahr sind die Organschäden (siehe dort) für die Tauchtauglichkeit entscheidend

  Empfehlung: *Engmaschigere Kontrollen, Tauchtauglichkeit auf ein Jahr beschränkt*

- **Keine Kontraindikation:**
  Bei minimal einjähriger Abstinenz, gelungener sozialer Rehabilitation und Fehlen von nennenswerten Organschäden

Innere Organe

Inhaltsverzeichnis

Innere Organe

Einführung

Möglichkeiten einer unmittelbaren Gefährdung des Tauchers durch vorbestehende Erkrankungen sind nicht sehr häufig. So können Bewusstseinsstörungen, psychische Dekompensation oder Schmerzen zu einem unkontrollierten Aufstieg oder zum Ertrinken führen. Expansion der Gase im Magen-Darmtrakt während des Aufstieges ist gelegentlich nicht nur schmerzhaft, sondern kann durch Ruptur oder Inkarzeration zu lebensbedrohlichen Zuständen führen. Eine Hiatushernie führt im ungünstigsten Fall neben der häufigen Regurgiation auch zur Aspiration. Organgruppen, welche vermehrt physikalischen Veränderungen beim Tauchen ausgesetzt sind, wurden bereits früher behandelt.

Bei der häufigsten Endokrinopathie, dem Diabetes mellitus, reicht die Festlegung der Tauchtauglichkeit vom striktem Verbot bis zu einer gelockerten Einschränkung. Dabei ist nicht nur der Typ des Diabetes (I, II) zu berücksichtigen, sondern vor allem auch die Disziplin, mit der Diät und Therapie durchgeführt werden sowie die Fähigkeit und die Erfahrung des Betroffenen, mit Diät und Medikamenten bei sportlicher Belastung umzugehen. Da die Gefahr einer Hypoglykämie unter Wasser nach grosser Anstrengung nicht ausgeschlossen werden kann, sollen unserer Meinung nach Diabetiker möglichst nicht tauchen. Andere, gut eingestellte Endokrinopathien wie zum Beispiel kompensierte Schilddrüsendysfunktion, schränken eine Tauchtauglichkeit nicht ein.

Bei abdominalen Erkrankungen die zu "Airtrapping" führen, sollte eine Tauglichkeit erst nach Sanierung, beziehungsweise Abheilung ausgesprochen werden. Stoma- und Katheterträger sind im Prinzip tauchfähig, eine Beratung bezüglich hygienischer Probleme ist notwendig. Bei chronischen Erkrankungen und in der Rekonvaleszenz nach operativen Eingriffen sind Lokalbefund, Allgemeinzustand und körperliche Leistungsfähigkeit entscheidend.

6.1 Endokrinopathien exkl. Diabetes mell.

Gefahr:

Störungen des Bewusstseins und des Verhaltens; Blutdruckabfall, Herzrhythmusstörungen, Herzinsuffizienz; Muskelschwäche, reduzierte körperliche Leistungsfähigkeit; Übelkeit, Erbrechen; u.a.

Krankheitsbilder, Diagnosen:

- Den Taucher gefährden können alle Endokrinopathien, die obengenannte Symptome verursachen; zu berücksichtigen ist in diesem Zusammenhang auch die Ausprägung sekundärer Diabetes-Formen und das mögliche Auftreten von Hypoglykämien
- Relevante Endokrinopathien: Hypopituitarismus, Akromegalie; Hyper-, Hypothyreose; Hypo-, Hyperparathyreoidismus; Cushing-Syndrom, Hyperaldosteronismus, M. Addison; Phäochromozytom
- Diabetes mellitus siehe 6.2

Abklärung:

Anamnese, Status, Labor. Ein fachärztliches Konsilium sollte stets angestrebt werden. Für Tauchanfänger ist es unerlässlich. Kinder und Jugendliche müssen in regelmässiger Kontrolle sein

Kontraindikationen:

- **Absolute:**
  Phäochromozytom generell
  Andere dekompensierte Endokrinopathien
- **Relative:**
  Substituierte Endokrinopathie mit leichteren Funktionsstörungen, die den Taucher nicht akut gefährden

  Empfehlung:
  Beratung bezüglich möglicher Gefahren
- **Keine Kontraindikation:**
  Substituierte Endokrinopathie mit minimen Funktionsstörungen, welche die körperliche Leistungsfähigkeit nicht beeinträchtigen

6.2 Diabetes mellitus

Gefahr:
Hypoglykämie unter Wasser: Unruhe, Zittern, Hunger; in fortgeschrittenem Stadium abnormes Verhalten, Verwirrung, Konvulsionen, Bewusstlosigkeit. Diskutiert wird zur Zeit, ob bei unbehandelter proliferativer Retinopathie durch Valsalvamanöver retinale Blutungen ausgelöst werden können

Krankheitsbilder, Diagnosen:
- Typ 1: Insulinabhängiger Diabetes (IDDM: insulin-dependent diab. mell.)
- Typ 2: Nicht-insulinabhänger Diabetes mellitus (NIDDM: non-insulin dependent diab. mell); a) bei Normalgewichtigen, b) bei Übergewichtigen
- Milde Hyperglykämie junger Leute, Komplikationen selten (MODY: Maturity-onset diabetes of the young)

Beachte, dass auch viele Patienten mit Typ-2-Diabetes Insulin benötigen, um die Hyperglykämie unter Kontrolle zu halten! Für die Tauchtauglichkeit ganz entscheidend ist die Fähigkeit des Patienten, mit seiner Krankheit umzugehen und selbständig Blutzuckerkontrollen vorzunehmen so wie die Disziplin, mit welcher Diät und medikamentöse Therapie durchgeführt werden

Abklärung:
Anamnese, Blutzucker nüchtern, eventuell Glukose-Toleranztest

Kontraindikationen:
- **Absolute:** Typ 1 und 2 mit schlechter Stoffwechsellage, schwieriger Einstellung und Hypoglykämien in den letzten 2 Jahren
- **Relative:** Disziplinierten und Sport erfahrenen Diabetikern mit stabiler, guter Einstellung kann eventuell unter Beachtung der Regeln für das Behindertentauchen die Tauglichkeit bescheinigt werden

  ***Empfehlung:** Bitte die ausführliche Beschreibung im Anhang "Behindertentauchen" beachten! Bei Erstuntersuchung Bemerkung im Attest "nur im Rahmen des Diabetikertauchprogrammes gemäss anerkannten Richtlinien; Neubeurteilung in 6 Monaten (das Intervall ist eventuell der Ausbildungsdauer anzupassen). Bei Folgeuntersuchungen ist die Supervision möglichst langfristig durch den gleichen Arzt anzustreben. Bemerkung im Attest reduziert auf "nächste Untersuchung in ... (6 oder 12) Monaten". Die üblichen Bedingungen, insbesondere Protokollierung, akzeptiert der Kandidat durch Unterschrift auf dem Untersuchungsbogen.*
- **Keine Kontraindikation:** MODY

6.3 Ulkus- und Refluxkrankheit

Gefahr:

Neigung zu Hyperazidität, Magenbrennen, Übelkeit. Akzentuierte Refluxsymptomatik durch Wasserschlucken und Gas im Magen mit Aspirationsgefahr infolge der meist flachen oder "Kopf-tief-Körperlage"

Krankheitsbilder, Diagnosen:

- Ulkuskrankheit
- Hiatushernie
- Refluxsymptomatik

Abklärung:

Anamnese

Eventuell gastroenterologische Abklärung

Kontraindikationen:

- **Absolute:**
  Im akuten Schub, bei nicht abgeheiltem Ulkus
  Bei wiederholten Komplikationen (Blutungen)
- **Relative:**
  Bekannte Ulkus-/Hiatushernienanamnese und Beschwerdefreiheit unter Therapie

  Empfehlung:
  Information über Risiko
- **Keine Kontraindikation:**
  Abgeheilte Ulkuskrankheit ohne Therapie

6.4 Morbus Crohn, Colitis ulcerosa

Gefahr:

"Airtrapping", Exazerbation der Symptome

Krankheitsbilder, Diagnosen:

- Chronisch entzündliche Darmerkrankungen
- Akute abdominelle Schmerzschübe mit Durchfällen, Blutungen, Fistelbildung

Abklärung:

Anamnese

Gastroenterologische Abklärung; Festlegung des Schweregrades der Krankheit

Kontraindikationen:

- **Absolute:**
  Bei akuten Schüben
  Bei Beschwerden, Durchfällen (konsumierende Formen)
- **Relative:**
  Symptomfreie Intervalle

  Empfehlung:
  Information über Risiken. Probatorische Tauchgänge

6.5 Abdominale konsumierende Krankheiten, maligne Tumoren

Gefahr:

Schmerzen, Kollaps, eingeschränkte Leistungsfähigkeit

Krankheitsbilder, Diagnosen:

- Entzündliche Erkrankungen
  Pankreatitis
  Hepatitis
  Cholecystitis
  Divertikulitis
- Tumoren

Abklärung:

Anamnese
Klinik
Eventuell Labor, Endoskopie, bildgebende Verfahren

Kontraindikationen:

- **Absolute:**
  Alle akuten Stadien
  Reduzierter Allgemeinzustand
- **Relative:**
  Subakute Stadien bei befriedigender Leistungsfähigkeit und ordentlichem Allgemeinzustand

  Empfehlung:
  Tauchgang mit hilfefähiger Begleitung
- **Keine Kontraindikation:**
  Nach vollständiger Abheilung und Erholung
  Postoperative Zustände siehe 6.14
  Divertikulose

6.6 Adhäsions-Abdomen

Gefahr:

Bei rezidivierendem Subileus erhöhte Gefahr eines intestinalen Barotraumas

Krankheitsbilder, Diagnosen:

- Anamnestisch Subileusprobleme nach abdominalen Eingriffen, sogenannter "Verwachsungsbauch"

Abklärung:

Anamnese

Kontraindikationen:

- **Absolute:**
  Bei wiederholten Hospitalisationen oder Operationen wegen Adhäsionssymptomatik

- **Keine Kontraindikation:**
  Bei Beschwerdefreiheit nach Adhäsiolyse

6.7 Hernien

Gefahr:

Inkarzeration

Krankheitsbilder, Diagnosen:

- Inguinal-, Femoral-, Nabel-, Bauchwandhernien, Narbenhernien, intraabdominale Hernien

Abklärung:

Anamnese

Lokalbefund

Kontraindikationen:

- **Absolute:**
  Nicht reponierbare und schmerzhafte Hernien
- **Relative:**
  Asymptomatische Hernia incipiens

  Empfehlung:
  Darauf hinweisen, dass Komplikationen bei asymptomatischen Hernien schlecht voraussehbar sind. Ein zusätzlicher Risikofaktor ist das schwere Gewicht der Tauchausrüstung. Eine operative Sanierung ist zu erwägen
- **Keine Kontraindikation:**
  Sanierte Hernien

6.8 Stoma

Gefahr:

Keine. Eventuell hygienische Probleme

Krankheitsbilder, Diagnosen:

- Gastrostoma
- Kolostoma
- Ileostoma
- Ureterostoma
- Zystostomie
- Fisteln

Abklärung:

Anamnese, Klinik

Kontraindikationen:

- **Absolute:**
  Keine
- **Keine Kontraindikation:**
  Bei selbständiger Stomapflege
  Information über Gasexpansion, Meerwasserexposition

6.9 Entzündliche Veränderungen der Nieren, Niereninsuffizienz

Gefahr:

Eventuell reduzierte körperliche Leistungsfähigkeit. Verschlechterung der Grundkrankheit, eventuell Sepsis

Krankheitsbilder, Diagnosen:

- Pyelonephritis
- Glomerulonephritis (verschiedene Formen)
- Niereninsuffizienz
  (Neubildungen der Niere und ableitenden Harnwege siehe 6.5 bzw. 6.12)

Abklärung:

Anamnese, Labor, Rücksprache mit Facharzt, evtl. fachärztliche Abklärung

Kontraindikation:

- **Absolute:**
  alle akuten entzündlichen Erkrankungen
  Hämodialysepatienten
  Niereninsuffizienz (Kreatinin-Clearance unter 20 ml/min)
- **Relative:**
  Nierentransplantierte
  Niereninsuffizienz (Kreatinin-Clearance über 20 ml/min)
  In jedem Fall muss eine zumindest befriedigende körperliche Leistungsfähigkeit vorhanden sein

  Empfehlung:
  Information über Risiken. Bei Transplantierten Rücksprache mit Facharzt
- **Keine Kontraindikation:**
  Patienten mit einer Niere

6.10 Steinleiden

Gefahr:

Steinkolik, Panik, Notaufstieg

Krankheitsbilder, Diagnosen:

- Gallensteine
- Nierensteine, Uretersteine
- Blasensteine

Abklärung:

Anamnese, eventuell Abklärung oder Rücksprache mit Facharzt

Kontraindikationen:

- **Absolute:**
  Bei akuten Beschwerden
  Uretersteine, auch wenn symptomlos
- **Relative:**
  Bekannte asymptomatische Nierensteine, auch nach Steinabgang

  Empfehlung:
  Information über mögliche Koliken. Cave Dekompressionstauchgänge
- **Keine Kontraindikation:**
  Nach einmaligem Abgang eines Harnwegsteins
  Asymptomatische Gallensteine

6.11 Prostatahyperplasie

Gefahr:

Akute Harnretention infolge gesteigerter Diurese. Hygiene-Probleme bei Katheterträgern

Abklärung:

Anamnese

Klinik

Eventuell Restharnbestimmung

Eventuell fachärztliches Konsilium

Kontraindikationen:

- **Absolute:**
  Bekannte Harnretention
  Erhebliche Prostatahyperplasie mit rezidivierender Harnretention
- **Relative:**
  Dysurie, Pollakisurie, anamnestische Harnretention

  Empfehlung:
  Information des Patienten
- **Keine Kontraindikation:**
  Status nach erfolgreicher Prostatektomie und ungestörter Miktion
  Blasenkatheter bei selbständiger, problemloser Pflege

6.12 Urologische Missbildungen und nicht konsumierende Tumoren

Gefahr:

Keine tauchspezifische

Krankheitsbilder, Diagnosen:

- Hydrozelen, Varikozelen, Spermatozelen
- Zystennieren
- Funktionstüchtige Missbildungen

Abklärung:

Anamnese, Klinik

Kontraindikationen:

- **Absolute:**
  Keine
- **Keine Kontraindikation:**
  Alle obengenannten Krankheitsbilder, sofern die Organfunktion intakt ist

6.13 Status nach gynäkologischen Operationen

Gefahr:

Bei abgeheiltem Vaginalstumpf keine tauchspezifische Gefahr

Krankheitsbilder, Diagnosen:

- Status nach vaginaler totaler Hysterektomie
- Beckenbodenplastik
- Inkontinenzoperationen und andern vaginalen Eingriffen
- Offener Vaginalstumpf auch nach abdominaler Operation

Übrige gynäkologische Operationen siehe Seite 6.14 "postoperativ generell"

Abklärung:

Anamnese

Lokalbefund

Allgemeinzustand

Kontraindikationen:

- **Absolute:**
  Postoperativ noch nicht verheilter Vaginalstumpf
- **Keine Kontraindikation:**
  Nach abgeheiltem Vaginalstumpf, in der Regel nach sechs Wochen. Fachärztliche Kontrolle empfehlenswert

6.14 Postoperativ generell

Gefahr:

Reduzierte körperliche Leistungsfähigkeit, abhängig vom Ausmass des Eingriffs und von postoperativen Zuständen, die das Tauchen beeinträchtigen. Beispielsweise gibt es heute mehr postoperative Anämien infolge Transfusionsrestriktion (AIDS-Risiko)

Krankheitsbilder, Diagnosen:

- Postoperativ verminderte körperliche Leistungsfähigkeit.
  Die Ursachen sind vielfältig: Inaktivität und Bettruhe, Schmerzen, noch eingeschränkte Organfunktion
- Beeinträchtigung des Bewegungsapparates
- Anämien, u.a.m

Abklärung:

Anamnese
Lokalbefund
Allgemeinzustand, evtl. Leistungstest (s. Anhang)
Eventuell Labor
Eventuell Rücksprache mit Operateur

Kontraindikationen:

- **Absolute:**
  Ungenügende körperliche Leistungsfähigkeit; noch nicht erreichte Arbeitsfähigkeit
  Siehe aber auch Kontraindikationsblätter zu speziellen Operationen:
  ORL: 1.13, 1.14; Innere Organe: 6.9, 6.13
  Lungen: 2.4, 2.6; Bewegungsapparat: 7.2
  Herzkreislaufsystem: 3.3, 3.8, 3.12, 3.19; Ophthalmologie: 8.4, 8.5
  Nervensystem: 4.7, 4.8
- **Keine Kontraindikation:**
  Nach vollständiger Abheilung, abgeschlossener Rehabilitation und guter körperlicher Leistungsfähigkeit

6.15 Anämie

Gefahr:

Mangelnde Leistungsfähigkeit, Dyspnoe, Angst bei Tachykardie, relativer Durchblutungsmangel mit Komplikationen (Angina pectoris, Claudicatio intermittens). Akute Sichelzellkrise bei Sichelzellanämie und Thalassaemia major (T. minor ist allenfalls nur durch die Anämie limitierend)

Krankheitsbilder, Diagnosen:

- Blutungsanämie
- Hämolytische Anämie (chemisch, immunologisch, metabolisch, infektbedingt, Enzymopathie, Thalassämien, Marchiafava-Micheli Anämie, Kugelzellanämie)
- Gestörte Zellreifung (Perniziosa, sideroblastische Anämie, Malnutrition)
- Gestörte Zellbildung (Fe-Mangel, chronische Krankheiten, Eiweissmangel, Endokrinopathie, renale Anämie, aplastische Anämie, multiples Myelom)

Abklärung:

Anamnese, Klinik, Labor bei jedem Verdacht, submaximaler, aerober Leistungstest, wenn Hb < 110 g/l (Frauen), < 130 g/l (Männer), siehe Anhang "Leistungstests"

Kontraindikationen:

- **Absolute:**
  - Alle akuten Anämien unklarer Ätiologie bis zur Abklärung
  - Übrige akute Anämien, wenn Hb unter 11 (110 g/l) bei Frauen, unter 13 (130 g/l) bei Männern und Leistung unter 8 METS (28 ml O_2/kg/min)
  - Chronische Anämie, wenn Hb < 8 (80 g/l) bei Frauen, < 10 (100 g/l) bei Männern und Leistung unter 8 METS
  - Thalassaemia major immer
- **Relative:** Akute Anämie (Rezidivgefahr oder chronische Anämie ohne Symptome bei Leistungsfähigkeit > 8 METS

  ***Empfehlung:** Hinweis auf Gefahren, evtl. Empfehlung, anstrengende Tauchgänge zu vermeiden*
- **Keine Kontraindikation:** Chronische Anämien mit normaler körperlicher Leistungsfähigkeit

6.16 Gerinnungsstörungen

Gefahr:

Akute Blutung ohne Hilfemöglichkeit (besonders zu beachten bei Fehlen einer Transfusionsmöglichkeit innerhalb einer Stunde). Bei Thrombophilie evtl. Venenthrombosen und Lungenembolie, insbesondere bei langen Flugreisen

Krankheitsbilder, Diagnosen:

- Koagulopathien (kongenitaler Gerinnungsfaktoren-Mangel wie Hämophilie oder M. von Willebrand, erworben wie Vitamin-K-Mangel, Antikoagulation, nephrotisches Syndrom, Amyloidose, Lupus erythematodes)
- Thrombopenie, Thrombopathie
- Vaskuläre Störungen (Purpura Schönlein-Henoch, Morbus Osler, Kryoglobulinämie, Skorbut, Dysproteinämie, Infekte
- Thrombophilie (verschiedene hereditäre Defekte, am häufigsten Faktor V Leiden)

Abklärung:

Anamnese, Klinik, Labor bei Verdacht

Kontraindikationen:

- **Absolute:**
  Kryoglobulinämie
- **Relative:**
  Schlecht eingestellte Antikoagulation (je nach Grundkrankheit)
  Thrombophilien (nicht antikoaguliert)

  Empfehlung:
  Antikoagulierte: nur unter Supervision mit gehäuften INR Kontrollen
  Bei Thrombophilie: Hinweis auf Rezidivgefahr bei Langzeitflügen und Dekompressionsstress
- **Keine Kontraindikation:**
  Gut behandelte hämorrhagische Diathesen ohne pathologische Blutungsneigung, Antikoagulation optimal eingestellt, familiäre asymptomatische Thrombophilie

Bewegungsapparat

Inhaltsverzeichnis

Bewegungsapparat

Einführung

Der Bewegungsapparat ist im Vergleich zu den vorher beschriebenen Organsystemen von den physikalischen Besonderheiten des Wassers wesentlich weniger beeinflusst. Die Fortbewegung unter Wasser ist erschwert, jedoch mit Hilfe von Flossen gut möglich. Freie Beweglichkeit und eine gewisse Belastbarkeit sind allerdings bei jedem Tauchgang erforderlich.

Gesteigerte physische Belastungen ergeben sich bereits bei „einfachen" Tauchgängen durch das Gewicht der Ausrüstung an Land, einen mitunter erschwerten Einstieg ins Wasser bzw. Ausstieg ans Ufer, auf Kaimauern oder in ein Boot, speziell aber unter extremen Bedingungen wie beim Schwimmen in Strömungen oder Brandungen und in einer Notsituation. Die schlechte Gewichtsverteilung der Ausrüstung belastet Wirbelsäule und Gelenke in erhöhtem Masse, was bei der Tauglichkeitsbeurteilung zu berücksichtigen ist.

Behinderte sollen nicht grundsätzlich vom Tauchen abgehalten werden. So können Amputierte mit speziellen Hilfsmitteln wie geeigneten Prothesen oder extra angefertigten Flossen oft sehr geschickt tauchen. Auch Patienten mit Lähmungen wie beispielsweise Paraplegiker, können unter Beachtung spezieller Regeln mit einer adaequaten Ausbildung und mit entsprechend geschulten Begleitern sicher tauchen. (siehe dazu Anhang „Behindertentauchen").

Osteonekrosen und Knorpelschäden an grossen Gelenken sind bei Berufstauchern und Tauchlehrern gelegentlich zu beobachten. Ursache dafür dürften chronische, zumeist asymptomatisch verlaufende Gasembolien in diesen weniger gut durchbluteten Geweben sein. Bei provokativem Tauchverhalten ist ein Auftreten von weiteren Knochennekroseherden zu erwarten. Eine entsprechende Aufklärung mit Hinweis auf dieses Risiko, insbesondere bei gelenknahen Läsionen, ist notwendig und sollte im Zeugnis dokumentiert werden.

Postraumatische Zustände, konservativ oder operativ geheilt, stellen keine Kontraindikation dar. Auch noch liegendes Osteosynthesematerial und Prothesen sind kein Hinderungsgrund zum Tauchen, vorausgesetzt der behandelnde Chirurg attestiert Belastungsstabilität, beziehungsweise Konsolidierung der Fraktur. Tauchen mit Kunststofforthesen und gipsartigen Fixierungen ist nicht zu empfehlen, weil solche Fixierungen im Wasser in der Regel nicht genügen und unhygienisch sind.

7.1 Degenerative und posttraumatische Zustände an Extremitäten, Entzündungen

Gefahr:

Ungenügende Körperbeherrschung, ungenügende Schwimmfähigkeit, insbesondere Beeinträchtigung der Sicherheit der Atemwege, Ertrinkungsgefahr.
Lockerung von Implantaten oder Refrakturen in unkonsolidiertem Zustand.
Exazerbation eines Schubes bei entzündlichen Prozessen

Krankheitsbilder, Diagnosen:

- Arthrosen, Meniskopathien, Missbildungen, posttraumatische Residuen, postoperative Zustände (Osteosynthesen, Gelenksprothesen, Amputationen, Epiphysiolysen)
- Entzündliche Prozesse (Tendinitiden, Tendomyosen, rheumatoide Arthritiden und andere Gelenksentzündungen)
- Akute, rezidivierende und chronische Infektionen von Knochen, Gelenken und Weichteilen

Entscheidend zur Beurteilung sind die unter "Gefahren" aufgezeichneten Risiken. Insbesondere sind bei Bewegungseinschränkungen die generell sichere Fortbewegung, die Schwimmfähigkeit und insbesondere die Gewissheit, sich auch in Notsituationen an der Oberfläche halten und atmen zu können, wichtig.

Abklärung:

Anamnese, Klinische Beurteilung, Beurteilung durch den behandelnden Arzt (Berichte, Röntgen) evtl. Beurteilung durch Facharzt

Kontraindikationen:

- **Absolute:** Ungenügende Schwimmfähigkeit insbesondere bei ungenügender Atmungssicherheit an der Wasseroberfläche. Unstabile Frakturen, nicht geheilte Band- und ligamentäre Läsionen, Meniskopathien mit Einklemmungserscheinungen, nicht geheilte entzündliche Prozesse
- **Relative:** gesicherte Selbständigkeit und Leistungsfähigkeit, ggf. mit Hilfsmitteln

  Empfehlung: *Tauchgänge nur mit erfahrener und hilfefähiger Begleitung. Für Tauchanfänger Beurteilung und Ausbildung evtl. im Rahmen des "Behindertentauchens"*

- **Keine Kontraindikation:** Geringgradige Bewegungseinschränkung mit ausreichender Selbständigkeit an Land und im Wasser (Hilfeleistung möglich)

7.2 Gelenkluxationen

Gefahr:

Rezidive, schmerzbedingte Fehlhandlungen

Kranheitsbilder, Diagnosen:

Status nach:

- abgeheilter Luxation
- habitueller Gelenksluxation

Abklärung:

Anamnese, klinische Untersuchung
Fachärztliche Untersuchung (eventuell Röntgen, Sonographie, CT, MRI)

Kontraindikationen:

- **Absolute:**
  Zustand nach Reposition/Operation in der Rehabilitationsphase
- **Relative:**
  Rezidivierende bzw. habituelle Luxationen

  Empfehlung:
  Information über mögliche Reluxation und schmerzbedingtes Fehlverhalten
- **Keine Kontraindikation:**
  Abgeheilte konservativ oder operativ behandelte Luxationen ohne Gelenksinstabilität oder höhergradige Bewegungseinschränkung

7.3 Wirbelsäulenverletzungen und degenerative Zustände, M. Scheuermann

Gefahr:

Überlastung durch schwere Ausrüstung, besonders an Land. Unkontrollierte Handlungen infolge von Schmerzen (Panik)

Krankheitsbilder, Diagnosen:

- Diskopathien
- Spondylarthrosen, Spondylolysen, Spondylolisthesis, Kyphosen, Skoliosen
- Frakturen
- Muskel-/Gelenkrheumatismus, Osteoporose, Morbus Scheuermann
- Postoperative Zustände

Abklärung:

Anamnese, klinische Befunde (Arztberichte, Röntgen), evtl. fachärztliche Beurteilung

Kontraindikationen:

- **Absolute:**
  - Unvollständige Heilung nach konservativ und operativ versorgten Frakturen
  - Notwendigkeit von Orthesen
  - Symptomatische Diskushernien, (Schmerz, neurologische Symptome)
  - Deformitäten mit eingeschränkter Lungenfunktionsstörung (VC unter 70%, FEV1/VC unter 0,7)

- **Relative:**
  - abgeschlossene Rehabilitation nach Trauma oder Operation
  - Thoraxdeformitäten mit normaler Lungenfunktion.

  Empfehlung: *Aufklärung über Risiken durch schwere Ausrüstungsgegenstände und mögliche Schmerzzustände die unter Umständen mit Symptomen einer DCI verwechselt werden könnten*

- **Keine Kontraindikation:**
  Zustand nach Traumen oder asymptomatischen degenerativen Veränderungen bei normaler Schwimm- und Leistungsfähigkeit sowie ausreichender Beweglichkeit

7.4 Aseptische Knochennekrosen

Gefahr:

Risiko einer Progression der Krankheit durch Belastung

Krankheitsbilder, Diagnosen:

- M. Perthes, M. Schlatter,
- Osteochondritis dissecans, M. Ahlbäck
- Weitere idiopathische aseptische Knochennekrosen

Der M. Scheuermann zeigt ebenfalls Deckplatteneinbrüche (Schmorlsche Knötchen), wird jedoch funktionell eher als Überlastungskrankheit bewertet und deshalb unter 7.3 abgehandelt

Abklärung:

Anamnese, klinische Untersuchung, Beurteilung des behandelnden Facharztes (Befunde, Berichte, evtl. fachärztliche Untersuchung)

Kontraindikationen:

- **Absolute:**
  Alle Knochennekrosen im akuten Stadium
- **Relative:**
  Bei Beschwerdefreiheit im subakuten Stadium

  Empfehlung:
  Aufklärung über das erhöhte Risiko einer Progredienz, individuelle Beratung bezüglich Belastbarkeit
- **Keine Kontraindikation:**
  Alle abgeheilten Formen

Augen

Inhaltsverzeichnis

Augen

Einführung

Die Augen erlauben uns, beim Tauchen nicht nur die Schönheit der Unterwasserwelt wahrzunehmen. Mit ihnen stellen wir den Kontakt zum Tauchpartner her, nehmen Informationen auf und lesen die Tauchinstrumente ab. Eine stark herabgesetzte Sehfunktion stellt deshalb für die Sicherheit des Tauchers ein erhebliches Risiko dar. Ein Taucher mit starker Fehlsichtigkeit sollte deshalb korrigierende Gläser in seine Tauchermaske einbauen lassen oder weiche Kontaktlinsen tragen.

Weil das Auge flüssigkeitsgefüllt ist, kann es nicht komprimiert werden. Bei Druckschwankungen im Innern des Auges entstehen deshalb keine Druckgradienten. In der Tauchermaske sind die Augen hingegen von Luft umgeben. Bei fehlendem Druckausgleich via Nasen-Rachen-Raum (Verlegung durch Gaumensegel), kann sich beim Abtauchen ein Unterdruck bilden. Durch Gefässrupturen entstehen dann Subkonjunktivalblutungen. Diese nicht seltenen Barotraumen sind ungefährlich und heilen spontan ab.

Beim Tauchen besteht normalerweise keine Gefahr eines plötzlichen Sehverlustes. Durch Unterdruck ausgelöstes Nasenbluten kann zwar die Sicht stark behindern, doch lässt sich das Problem durch Spülen der Maske beheben.

Besondere Vorsicht ist hingegen bei Status nach intraokulärer Operation geboten, da ein Unterdruck zur Dehiszenz der Operationsnarbe mit schwerwiegenden Konsequenzen führen kann.

Die Mikrozirkulation der Retina ist sehr empfindlich auf rheologische Störungen, vor allem bei Prädisposition durch gewisse Krankheiten. Die physikalisch-chemischen Vorgänge beim Tauchen können das Gerinnungssystem beeinflussen, so dass unter Umständen Mikrothromben entstehen, was bei vorbestehender Durchblutungsstörung zu einer kritischen Verschlechterung führen kann. Wer an einer schweren vaskulären Retinopathie leidet, sollte deshalb das Tauchen unterlassen oder den Rat des behandelnden Augenarztes einholen.

8.1 Konjunktivitis, Keratitis

Gefahr:

Superinfektion

Krankheitsbilder, Diagnosen:

- Bakterielle Konjunktivitis
- Virale Konjunktivitis, Keratokonjunktivitis (z.B. Herpes)
- Erosio corneae

Abklärung:

Inspektion des Augapfels unter fokaler Beleuchtung mit Fluoreszein

Kontraindikationen:

- **Relative:**
  Nicht abgeheilte Erkrankung

  Empfehlung:
  Hinweis auf mögliche Superinfektion

- **Keine Kontraindikation:**
  Nach Abheilung

8.2 Chronisches Offenwinkelglaukom (Glaukoma chron. simplex)

Gefahr:

Sehschwierigkeiten durch eingeschränktes Gesichtsfeld

Krankheitsbilder, Diagnosen:

- Glaukom ohne funktionelle und morphologische Schädigung
- Glaukom mit funktioneller und morphologischer Schädigung

Abklärung:

Ophthalmologische Untersuchung

Kontraindikationen:

- **Absolute:**
  Keine
- **Relative:**
  Glaukom mit funktioneller und morphologischer Schädigung

  Empfehlung:
  Information über eventuelle Schwierigkeiten
- **Keine Kontraindikation:**
  Glaukom ohne funktionelle und morphologische Schädigung

8.3 Winkelblockglaukom

Gefahr:

Bei notfallmässigem Auftauchen besteht die Möglichkeit eines akuten Glaukomanfalles

Krankheitsbilder, Diagnosen:

- Enger Kammerwinkel, symptomlos. Cave: über 40jährige Personen mit Hyperopie
- Enger Kammerwinkel mit Status nach akutem Glaukomanfall
- Status nach Iridotomie (YAG-Laser) oder Iridektomie

Abklärung:

Ophthalmologisches Konsilium

Kontraindikationen:

- **Absolute:**
  Enger Kammerwinkel mit Status nach Glaukomanfall
- **Relative:**
  Enger Kammerwinkel, symptomlos. Cave: über 40jährige Hyperope

  Empfehlung:
  Information über Gefahren
- **Keine Kontraindikation:**
  Status nach Iridotomie (YAG-Laser) oder Iridektomie

8.4 Status nach Kataraktoperation

Gefahr:

Je nach Operationsart: Dehiszenz der Operationsnarbe

Superinfektion

Abklärung:

Anamnese

Kontraindikationen:

- **Absolute:**
  1 Monat nach der Operation
- **Relative:**
  3 Monate nach Operation

  Empfehlung:
  Hinweis auf mögliche Sehstörungen, erhöhte Empfindlichkeit
- **Keine Kontraindikation:**
  Mehr als 3 Monate postoperativ

8.5 Hornhautoperationen

Gefahr:

Ruptur der Kornealnaht

Krankheitsbilder, Diagnosen:

- Kornealnaht
- Perforierende Keratoplastik
- Lamelläre Keratoplastik

Abklärung:

Anamnese

Inspektion des Auges

Im Zweifelsfalle Rückfrage beim Operateur

Kontraindikationen:

- **Absolute:**
  Kornealnaht, perforierende Keratoplastik, radiäre Keratotomie bis 6-12 Monate postoperativ je nach Fall
  Lamelläre Keratoplastik: 3 Monate postoperativ
- **Keine Kontraindikation:**
  Nach den oben erwähnten postoperativen Fristen

8.6 Retinopathien

Gefahr:

Retina- oder Glaskörperblutung, Zirkulationsstörungen (Obliteration, Stase, Ischämie)

Krankheitsbilder, Diagnosen:

- Vaskulär:
  - Gefässverschlüsse (Thrombosen, Embolien)
  - Diabetische Retinopathie
  - Hypertensive Retinopathie
  - Andere (z.B. Sichelzellanämie, M. Coats, M. Eales, etc.)
- Nicht vaskuläre:
  - Retinopathia pigmentosa und andere

Abklärung:

Ophthalmologische Untersuchung

Kontraindikationen:

- **Absolute:**
  Alle schweren vaskulären Retinopathien
- **Keine Kontraindikation:**
  Alle übrigen Retinopathien

8.7 Netzhautablösung, Netzhautläsionen

Gefahr:

Kein erhöhtes Risiko von Netzhautablösung durch das Tauchen

Krankheitsbilder, Diagnosen:

- Netzhautablösung
- Foramen retinae
- Äquatoriale Netzhautdegeneration, die zu Netzhautablösung prädisponiert

Abklärung:

Anamnese

Bericht Augenarzt

Kontraindikationen:

Keine

8.8 Einäugigkeit

Gefahr:

Orientierungsschwierigkeit wegen fehlendem räumlichem Sehen

Implosion von hohlen Glasprothesen

Krankheitsbilder, Diagnosen:

- Funktionelle Monokularität
- Status nach Enukleation

Abklärung:

Anamnese

Visusprüfung

Kontraindikationen:

- **Absolute:**
  4 Monate nach Funktionsverlust eines Auges wegen fehlender Stereopsis
- **Relative:**
  4 bis 12 Monate nach Funktionsverlust eines Auges wegen sich ausbildender Pseudostereopsis

  Empfehlung:
  Tauchpartner muss informiert sein und soll sich immer auf der Seite des gesunden Auges befinden. Zum Tauchen sind Prothesen in jedem Fall zu entfernen
- **Keine Kontraindikation:**
  Mehr als ein Jahr nach Funktionsverlust eines Auges

8.9 Gesichtsfeldeinschränkung

Gefahr:

Orientierungsschwierigkeit unter Wasser, ungenügender Kontakt mit Tauchpartner

Krankheitsbilder, Diagnosen:

- Hemianopsie
- Quadrantenanopsie
- Röhrenförmiges Gesichtsfeld (z.B. bei Retinopathia pigmentosa)

Abklärung:

Anamnese

Gesichtsfeldprüfung

Bei unklarer Ätiologie spezialärztliche Untersuchung

Kontraindikationen:

- **Absolute:**
  Entscheidend ist die Grundkrankheit
- **Relative:**
  Gesichtsfeldeinschränkungen von mehr als 80° horizontal und mehr als 50° vertikal, sofern von der Ätiologie her keine Kontraindikation vorliegt.
  Tauchanwärter mit höhergradigen Gesichtsfeldausfällen sind im Rahmen des Behindertentauchens (siehe Anhang) bedingt tauglich

  Empfehlung:
  Information des Tauchers über mögliche Orientierungsschwierigkeiten
- **Keine Kontraindikation:**
  Leichtgradige Gesichtsfeldeinschränkungen (weniger als 80° horizontal, 50° vertikal)

8.10 Refraktionsanomalien

Gefahr:

Unfähigkeit, die beim Tauchen nötigen Instrumente abzulesen

Ungenügende Orientierungsmöglichkeit

Bei über 40 Jährigen mit starker Hyperopie Glaukomanfall möglich

Krankheitsbilder, Diagnosen:

- Myopie
- Hyperopie
- Astigmatismus
- Presbyopie

Abklärung:

Visus erfragen bzw. Korrektur (Brillenpass)

Kontraindikationen:

- **Absolute:**
  Unkorrigierte Hyperopie von über 4 Dioptrien unter Wasser (ausschlaggebend: Ablesen der Instrumente)
- **Relative:**
  Visus unter 0.5, wenn Tauchtafeln verwendet werden. Bei grösseren Anzeigen der Instrumente genügt Visus 0.1
  Starke Hyperopie

  Empfehlung:
  Bei ungenügendem Visus Beratung betreffend Korrekturmöglichkeiten.
  Bei unbefriedigender Korrektur Tauchen nur mit zuverlässigem Partner.
  Hyperopie: Hinweis auf die Gefahr eines Glaukomanfalles
- **Keine Kontraindikation:**
  Korrigierter Visus, der die Orientierung und das Ablesen der Instrumente erlaubt.
  Hyperopie mit Kontaktlinsen korrigiert

8.11 Kontaktlinsen

Gefahr:

Verlust der Kontaktlinsen

Reversibles Hornhautödem

Bei Verlust der Linse kann die Fehlsichtigkeit die Orientierung und das Ablesen der Instrumente behindern

Krankheitsbilder, Diagnosen:

- Gasdurchlässige harte Kontaktlinsen
- Weiche hydrophile Kontaktlinsen

Abklärung:

Anamnese

Kontraindikationen:

- **Absolute:**
  Keine
- **Relative:**
  Die bevorzugte Kontaklinse beim Tauchen ist die weiche Linse, da sie unter Wasser besser haftet als die gasdurchlässige harte Kontaktlinse. Allerdings droht auch hier ein Verlust der Linse, wenn das Auge dem Wasser ausgesetzt wird

  Empfehlung:
  Hinweise über den möglichen Verlust der Kontaktlinsen beim Tauchen

8.12 Status nach refraktiver Chirurgie

Gefahr:

Superinfektion

Sehstörungen durch erhöhte Empfindlichkeit

Krankheitsbilder, Diagnosen:

- PRK (Photorefraktive Keratotomie)
- LASIK (Laser Assisted in situ Keratomyleusis)
- Phake Intraokularlinse

Abklärung:

Anamnese

Kontraindikationen:

- **Absolute:**
  1 Monat nach der Operation
- **Relative:**
  3 Monate nach der Operation

  Empfehlung:
  Hinweise über mögliche Probleme die durch Eintreten eines Fremdkörpers entstehen können
- **Keine Kontraindikation:**
  mehr als 3 Monate nach Operation

Pädiatrie

Inhaltsverzeichnis

Pädiatrie

Einführung

Fundierte Angaben zur Tauchtauglichkeit von Kindern und Jugendlichen finden sich in der Literatur nur spärlich. Empfehlungen basieren deshalb meistens auf praktischen Erfahrungen. Ducassé und Izard haben 1987 im Auftrag des französischen Taucherverbandes die zu beachtenden altersabhängigen Faktoren definiert: Wachstum des Bronchialbaumes endet erst mit 8 Jahren; Lungen Compliance verändert sich bis zum 18. Lebensjahr (Barotrauma-Risiko); Tendenz zu Hyperventilation und Luftanhalten mit entsprechendem Hypoxie-Risiko bei unter 8 Jährigen; häufige Otitis media; muskuläre Verschlussmechanismen der Eustachischen Röhren noch unreif (Barotrauma-Risiko); ungünstiges Körperoberflächen-Gewichts-Verhältnis (Hypothermie-Risiko); unter 8 Jahren beschränkte Fähigkeit, mathematisch-physikalische Zusammenhänge zu begreifen; emotionelle Labilität (unerwartete Verhaltensänderungen); Spielverhalten (Möglichkeit, gefährliche Aktionen zum unpassenden Zeitpunkt durchzuführen); beschränkte Fähigkeit, Selbstverantwortung wahrzunehmen.

Aufgrund dieser Kriterien kann einerseits kaum ein eindeutiges Minimalalter festgelegt werden, andererseits wird ein Kind auch bei günstiger Entwicklung und frühzeitigem Kontakt mit der Tauchtechnik kaum vor 12 - 14 Jahren reif genug sein, die physikalischen Zusammenhänge und damit die Vorschriften der Tauchtechnik zu verstehen, die verschiedenen Risiken beim Tauchen abzuschätzen und auch Verantwortung für den Tauchpartner zu übernehmen. Gerade die Verantwortung für die eigenen Reaktionen und die Entscheidung zur Hilfeleistung für einen sich in Schwierigkeiten befindenden Tauchpartner sind Punkte, die nicht unterschätzt werden dürfen, die aber von einem brevetierten Taucher vorausgesetzt werden können.

Einem Kind unter 14 Jahren kann deshalb in der Regel keine uneingeschränkte Tauglichkeit für das Sporttauchen attestiert werden. Kinder und Jugendliche müssen deshalb aber keinesfalls vom Tauchen ausgeschlossen werden, wohl jedoch von einer Ausbildung, die ein vollwertiges Taucherdiplom zum Ziele hat. Allerdings ist dies innerhalb der Ärzteschaft nicht unstrittig. Spezielle Kindertauchprogramme, die die erwähnten einschränkenden Bedingungen berücksichtigen und dem tauchenden Kind durch besonders qualifizierte Ausbilder und Tauchbegleiter stets die notwendige Sicherheit gewährleisten, können für motivierte Kinder durchaus empfohlen werden. Dies gilt insbesondere dann, wenn derartige Angebote unter schwimmbadähnlichen Bedingungen stattfinden und mit einer Schnorcheltauch- und Schwimmausbildung verbunden werden.

Aus diesen Gründen sollten Ziele sorgfältig definiert werden und auf Prüfungen ist zu verzichten, um Angst und Ehrgeiz als Risikofaktoren zu reduzieren.

Wegen der durch die Körperoberfläche gegebenen erhöhten Auskühlung muss eine gegenüber Erwachsenen reduzierte Kältebelastung gefordert werden. Auf Grund der Besonderheiten der psychischen Entwicklung sind die Tauchgänge sowohl hinsichtlich Tiefe wie auch Dauer so einzuschränken, dass jederzeit gefahrlos aufgetaucht werden kann. Während des Wachstums reagieren manche Gewebe, vor allem Knorpel und Knochen, auf Sauerstoffmangel sehr empfindlich. So wie kleine Verletzungen der Wachstumsfuge später erhebliche Folgen haben können, kann nicht ausgeschlossen werden, dass auch die Wachstumszonen bei Perfusionsstörungen durch asymptomatische Bläschenbildung beeinträchtigt werden. Es liegen allerdings bis heute weder experimentelle noch klinisch-epidemiologische Untersuchungen vor, die diese theoretische Schädigungsmöglichkeit belegen. Bei Einhalten der obengenannten Bedingungen wäre das Risiko einer Bläschenbildung ohnehin auf ein Minimum reduziert.

Weitere Risiken gehen von der Verwendung zu großer oder harter Flossen und dem Tragen der schweren Ausrüstung außerhalb des Wassers aus. Sprünge ins Wasser mit kompletter Ausrüstung sind deshalb zu vermeiden.

Wegen der erhöhten Anfälligkeit auf Schleimhautüberreaktionen und Druckausgleichsprobleme ist die genaue Situationsbeurteilung des Mittelohres noch wichtiger als beim Erwachsenen, weshalb im Zweifelsfall grosszügig fachärztliche Ohrmikroskopien und eventuelle Zusatzuntersuchungen angeordnet werden sollten. Viele andere Fragen der Pädiatrie gelten auch für die Erwachsenen und werden in den entsprechenden Kapiteln behandelt.

Der eingeschränkten Selbständigkeit des Kindes und den in diesem Alter üblichen raschen Veränderungen soll dadurch Rechnung getragen werden, dass die Beurteilung für 6 bis 12 Monate Gültigkeit hat. Anschliessend ist eine erneute Kontrolluntersuchung angezeigt. In die Schlussbeurteilung sollte auch die Meinung des Tauchleiters und der Eltern einbezogen werden.

9.1 Minimalalter

Gefahr:

Ungenügendes Erkennen von Gefahren, Fehlverhalten, unvorhersehbare Reaktionen, Überlastung des Organismus

Problematik:

- Geistiger Entwicklungsgrad: Auf Grund der Erfahrungen in der Aviatik nimmt man an, dass ab 16 Jahren die geistige Entwicklung soweit fortgeschritten ist, dass Verantwortung getragen werden kann
- Belastbarkeit des Organismus: Kinder und Jugendliche verfügen über relativ wenig subkutanes Fettgewebe und verlieren im Wasser sehr rasch Wärme. Eine Unterkühlung mit Ermüdungs- und Schwächegefühl tritt sehr viel schneller auf als bei Erwachsenen. Ebenso ist die Leistungsfähigkeit, insbesondere die Kraft, im Vergleich zum Erwachsenen deutlich vermindert

Abklärung:

Beurteilung der körperlichen und psychischen Reife
Motivation erfragen. Ein Gespräch mit den Eltern gehört obligat zum Untersuchungsgang

Kontraindikationen:

- **Absolute:** Geringe körperliche Leistungsfähigkeit, ungenügende geistige Reife Kinder unter 5 Jahren sollten keinesfalls Gerätetauchen
- **Relative:** Im Alter von 8-14 Jahren ist das Gerätetauchen nur mit Einschränkungen empfehlenswert, da die Risiken in schlecht abschätzbarem Masse erhöht sind. Sinnvoll ist in dieser Lebensphase eine gute Schwimm- und Schnorchel-Ausbildung

  Empfehlung: *Individuelle Beurteilung wegen der oft grossen Divergenzen zwischen körperlicher und psychischer Reife. Nur gut betreute Tauchkurse. Deshalb z.B. auf dem Zeugnis vermerken: "Nur Einführungstauchgänge mit erfahrenem Tauchbegleiter (im Rahmen eines Kindertauchprogramms), Kontrolluntersuchung in 6 Monaten". Ab 12 - 14 Jahren bei geeigneter Vorbereitung auch ohne diese Einschränkung*

- **Keine Kontraindikation:** Ab 16 Jahren

9.2 Stoffwechselanomalien, Enteropathien

Gefahr:

Mangelnde Leistungsfähigkeit, Stoffwechselentgleisung mit

Bewusstseinsstörungen

Krankheitsbilder, Diagnosen:

- Aminosäuren- und Kohlenhydrat-Stoffwechselstörungen, Lipidosen, Speicherkrankheiten, Mukopolysaccharidosen u.a.m.
- Jugendlicher Diabetes mellitus
- Zöliakie (gluteninduzierte Enteropathie) u.a.

Abklärung:

Anamnese, Klinik, Labor

Kontraindikationen:

- **Absolute:**
  Geistige Behinderung
  Alle Stoffwechselstörungen, die die körperliche Leistungsfähigkeit beeinträchtigen können
  Juveniler Diabetes mellitus
- **Relative:**
  Schlecht eingestellte Stoffwechselstörung resp. Entgleisung nach Nahrungsumstellung ("Ferien-Durchfall") bei guter körperlicher Leistungsfähigkeit

  Empfehlung:
  Gute Diätberatung vor Ferien im Ausland (andere Länder, andere Zusammensetzung der Nahrung)
- **Keine Kontraindikation:**
  Stoffwechselanomalie mit stabilem Stoffwechsel. Keine geistige Behinderung

9.3 Darmmotilitätsstörungen

Gefahr:

Schmerzen, Überblähung, Barotrauma

Krankheitsbilder, Diagnosen:

- Akute, schwere Gastroenteritis
- M. Hirschsprung (kongenital)
- Sekundär erworben: Chagas-Krankheit, Colitis ulcerosa, M. Crohn
- Obstruktion des Kolons durch Tumoren, Strukturen, Stenosen
- Idiopathisches Megakolon
- Megakolon mit künstlichem Darmausgang

Abklärung:

Anamnese, Klinik

Eventuell Endoskopie, fachärztliche Abklärung

Kontraindikationen:

- **Absolute:**
  Alle Krankheitsbilder im akuten Stadium
  Stenosen, da diese abgegrenzte Gasräume bilden, die zu "Airtrapping" und Barotrauma führen können
- **Relative:**
  Milde Krankheitsformen mit Rezidivgefahr

  Empfehlung:
  Probetauchgänge. Regelmässige Kontrollen
- **Keine Kontraindikation:**
  Nach erfolgreicher Sanierung, operativ oder konservativ

9.4 Kongenitale Missbildungen

Gefahr:

Verminderte Leistungsfähigkeit, Gefahr von Organschädigungen (z.B. Frakturen)

Krankheitsbilder, Diagnosen:

- Osteochondrodysplasien, Dysostosen (Marfan-, Pierre-Robin-, Klippel-Feil-Syndrom)
- Thalidomid-Schäden, Aplasie eines Organs

  Formen:
  - Die Behinderung kann je nach Art der Missbildung schweren oder leichteren Grades sein mit normaler oder gestörter geistiger Entwicklung
  - Bei gewissen Krankheitsformen (Marfan) können auch körperlich leichte Belastungen schädigende Wirkung haben

Abklärung:

Anamnese, Status, eventuell fachärztliches Konsilium

Kontraindikationen:

- **Absolute:**
  Schwere Behinderung mit Verletzungsgefahr. Jede geistige Behinderung
- **Relative:**
  Stabile leichte Behinderung

  Empfehlung:
  Mit gewissen Behinderungen ist das Tauchen im Rahmen des Behindertensports möglich (siehe Anhang "Behindertentauchen")
- **Keine Kontraindikation:**
  Leichte Behinderung ohne Beeinträchtigung der Leistungsfähigkeit unter Wasser

Diverses

Inhaltsverzeichnis

Einführung

Manche Risikofaktoren (Gravidität ist kein „gesundheitliches Problem“, sondern ein physiologischer Zustand), welche das Tauchen einschränken können, lassen sich nicht spezifisch in einen der bisher besprochenen Systembereiche einordnen oder sie sind zu wenig umfangreich, um ein eigenes Kapitel zu rechtfertigen. Sie können unter Umständen durch ihr Ausmass zu einer Krankheit werden, wie zum Beispiel die Adipositas oder sind, wie die Schwangerschaft, zeitlich limitiert. Die Frage nach der Wechselwirkung zwischen Medikamenteneinnahme und Gerätetauchen bedingt, dass man die Ursache der Therapie kennt. Für die Beurteilung einer Hautaffektion kann es eine Rolle spielen, ob beim Tauchen mit Leihmaterial eine Krankheitsübertragung möglicht ist.

Bei der Adipositas ist die pathophysiologische Erklärung einer erhöhten Anfälligkeit für eine Dekompressionserkrankung (DCS) naheliegend. Inerte Gase wie Stickstoff werden vermehrt im Fettgewebe gelöst und gespeichert. Durch die relative Hypoperfusion ist bei der Adipositas die Elimination der Inertgase beim Auftauchen im Vergleich zu Normalgewichtigen verlangsamt. Eine erhöhte Inzidenz der DCS wurde tatsächlich beobachtet und publiziert.

Geschlechtsspezifische Probleme werden auf einer gesonderten Seite dargestellt, wobei lediglich die Schwangerschaft eine absolute Kontraindikation darstellt. Dies weniger wegen eines experimentell begründbaren Malformations- oder Abortrisikos, als vielmehr aus der Überlegung heraus, dass auch eine kleinere Gefährdung im Hinblick auf das ungeborene Kind unnötig ist und nicht akzeptiert werden darf. Der Fötus weist zwar während der Dekompression keine erhöhte Blasenbildungstendenz auf, ist aber durch die beim intrauterinen Kreislauf fehlende pulmonale Filtration anfälliger auf deren Auswirkungen.

Die Einschätzung der Risiken, die durch Einnahme von Medikamenten entstehen, ist relativ komplex. Nur wenige Medikamente haben Wirkungen oder Nebenwirkungen, die das Tauchen in voraussehbarer Weise gefährden. Dies sind in erster Linie zentral sedierende oder das psychische Verhalten beeinflussende Substanzen. Einen Sonderfall stellen Doxorubicin und möglicherweise andere Zytostatika dar, die in Tierexperimenten eine hohe Zahl von letalen Verläufen auslösten, was aber lediglich unter erhöhtem Sauerstoff-Partialdruck beobachtet wurde. Zahlreiche Medikamente erzeugen keine merkbaren Nebenwirkungen, verändern jedoch physiologische Funktionen oder Reaktionsmechanismen derart, dass unter besonderen Bedingungen die nötige Reakionsbereitschaft des Körpers plötzlich nicht mehr vorhanden ist und die Gefahr eines Tauchzwischenfalls besteht. Beispiele hierfür sind Herzkreislauf-Medikamente, die die Stresstoleranz oder andere Anpassungsvorgänge negativ beeinflussen. Hier muss zwingend individuell beraten werden, unter Berücksichtigung aller Risikoelemente.

Obwohl Richtlinien dazu geschaffen sind, aufgrund klarer Kriterien eine Hilfestellung für unsere Entscheide abzugeben, muss bei den Medikamenten zuweilen von einer allzu strengen Auslegung dieses Prinzipes abgewichen werden. Die Realität lehrt uns nämlich, dass im Einzelfall oft zwischen dem Risiko einer vielleicht schwerwiegenden Unpässlichkeit wie schwere Seekrankheit oder Schlaflosigkeit und dem reellen durch ein Medikament bedingten Risiko nur ein abwägender Entscheid sinnvoll ist. So kann es unter Abwägung des damit verminderten Leidesdruckes (z.B. schwere Seekrankheit) akzeptabel sein, Medikamente einzunehmen, die mögliche und für das Tauchen gegebenenfalls gefährliche, insgesamt aber sehr seltene Nebenwirkungen aufweisen. Dann muss aber das Medikament in vertrauter Dosierung, bei klarer Indikation und unter normobaren Bedingungen bereits nebenwirkungsfrei erprobt sein. Beispiele hierfür liefern Mittel gegen Seekrankheit, Schlafstörungen, aber auch die prophylaktische Einnahme von Antimalariamitteln, welche zuweilen starken Schwindel auslösen können. In diesem Sinne ist auch eine Lockerung der Kontraindikationen durch einen psychiatrischen Facharzt bei entsprechenden therapeutischen Behandlungen psychischer Leiden möglich (z.B. Antidepressiva), da u.U. ein Absetzen mehr Nebenwirkungen hervorruft als die Weiterführung einer symptomfrei ertragenen Therapie.

10.1 Adipositas

Gefahr:

Erhöhtes Risiko für das Auftreten der Dekompressionskrankheit speziell bei dekompressionspflichtigen und wiederholten Tauchgängen, da die Inertgase das Fettgewebe im Vergleich zu anderen Geweben nur mit Verzögerung verlassen. Eventuell verminderte Leistungsreserve

Krankheitsbilder, Diagnosen:

- Übergewicht gemäss Body Mass Index (BMI):

BMI	18.5-24.9:	Normalgewicht
	25-29.9:	Übergewicht
	30 +:	Starkes Übergewicht, Adipositas

Abklärung:

Anamnese, Inspektion, Berechnung des BMI (Körpergewicht in Kilogramm dividiert durch Quadrat der Körpergrösse in Metern); bei BMI > 30 Leistungstest (siehe Anhang 1 "Leistungstests")

Kontraindikationen:

- **Absolute:**
  Keine
- **Relative**:
  Starkes Übergewicht

  ***Empfehlung**:*
  Keine Repetitivtauchgänge. Information über erhöhtes Risiko für Dekompressionsunfälle und evtl. Konsequenzen verminderter Leistungsreserve

10.2 Hauterkrankungen

Gefahr:

Keine vitale Gefährdung. Nicht auszuschliessen ist die Auslösung eines Krankheitsschubes oder die Ausbreitung der Läsion durch Kälte, Kontakt mit Wasser oder mit dem Tauchanzug

Krankheitsbilder, Diagnosen:

- Infekte (Mykosen der Haut, infizierte Ulcera oder Wunden, viral und parasitär)
- Ekzeme (atopische oder Kontaktekzeme, Kälteurtikaria)
- Psoriasis
- Andere z.T. seltene Hautkrankheiten (Exantheme, Erythrodermien, Phakomatosen, Kollagenosen, usw.)

Abklärung:

Anamnese, Lokalbefund, evtl. fachärtzlicher Befund

Kontraindikationen:

- **Relative:** Alle obenerwähnten Krankheitsbilder

Empfehlung:

- Infizierte Läsionen stellen wegen der Gefahr der Exazerbation bzw. Sepsis und Infektübertragung eine Kontraindikation für normales Tauchen dar. Allerdings kann das Tauchen bei korrektem Abdecken zur Vermeidung von Wasserkontakt mit entsprechender Risikoberatung erlaubt werden

- Bei Kontaktekzemen ist die Ausrüstung entsprechend anzupassen, um Exazerbationen zu vermeiden

- Kälteurtikaria kann zu generalisierten Reaktionen führen und dadurch die Tauchtauglichkeit unerwartet und massiv einschränken. Bei entsprechender Ausrüstung mit hervorragendem Wärmeschutz und evtl. Vollgesichtsmaske kann die Exazerbation unterdrückt werden. Unter Umständen kommt auch eine medikamentöse Desensibilisierungstherapie in Frage (Facharzt)

In allen übrigen Fällen erfolgt Beratung bezüglich Wundpflege (Schutz vor Meerwasser), evtl. einen Trockentauchanzug empfehlen

10.3 Medikamente

Gefahr:

Beeinträchtigung der physischen und psychischen Leistungsfähigkeit. Mögliche Selbst- oder Fremdgefährdung. Der Taucher kann durch die Hauptwirkung eines Medikaments (z.B. Betablocker, Antikoagulantien) gefährdet werden ebenso wie durch gruppenspezifische Nebenwirkungen (zum Beispiel Vigilanzstörungen bei Analgetika, Psychopharmaka, Antihistaminika; Kreislaufstörungen bei Antihypertensiva, Antiarrhytmika etc.) oder durch allergische Reaktionen. Auch nichtrezeptpflichtige Medikamente können gefährlich sein

Medikamentengruppen:

A) Herz- und Kreislaufmedikamente: Antihypertensiva, Vasodilatantien, Diuretika, Glykoside, Bronchospasmolytika, Nikotin u.a.

B) Antikoagulantien, Aggregationshemmer, nichtsteroidale Entzündungshemmer

C) Psychopharmaka: (Tranquilizer, Neuroleptika, Antidepressiva) Hypnotika, Psychostimulantien, zentralwirkende Analgetika, sedierende Antihistaminika, Antiemetika, Alkohol

D) Hormone, Antikonzeptiva, Steroide, H2-Blocker, Antidiabetika, Antibiotika u.a.m.

Abklärung:

Anamnese, Überdenken der Haupt- und Nebenwirkung der verwendeten Medikamente

Evaluation der Grundkrankheit als evtl. medikamentenunabhängige Kontraindikation

Kontraindikationen:

- **Absolute:** Gruppe C: Medikamente, die eine Bewusstseinsveränderung bewirken (evtl. individuelle Interpretation, s. Kapiteleinleitung). Lariam (Malaria-Prophylaxe) wenn Schwindel als Nebenwirkung auftritt. Bei Zytostatika ist im Einzelfall zu entscheiden (z. B. Doxorubicin)

- **Relative**: Gruppe A: Medikamente, welche die Leistungsfähigkeit potentiell einschränken (individuelle Beratung mit Hinweis auf Gefahren erforderlich)

- **Keine Kontraindikation**: Gruppe B, D und weitere Medikamente
  Bemerkung: Die Antikoagulantien (Gruppe B) können wohl zu gefährlichen Blutungen führen, stellen jedoch keine tauchspezifische Gefahr dar, d.h. durch das Tauchen per se wird keine Blutung ausgelöst

10.4 Silikon- und andere flüssigkeitsgefüllte Implantate

Gefahr:

Diskutiert wird Bläschenbildung in Prothesen nach Stickstoff Aufsättigung. Bisher wurden in vitro Bläschen nachgewiesen. Sie scheinen bezüglich Volumeneffekt jedoch irrelevant, also keine Gefahr für Taucher

Beispiele:
- Brustimplantate (Mammarekonstruktion, -Augmentation)
- Hodenimplantate (Prothesen nach Orchidektomie)
- Hautexpander (Vorbereitung plastischer Lappenchirurgie)
- Gastric-Banding-Systeme (Adipositas-Chirurgie)
- Subkutane Medikamentenreservoirs (für Langzeit i.v. Therapie bei Neoplasien, Diabetes, u.a.m.)

Abklärung:

Anamnese

Kontraindikationen:

- **Keine Kontraindikation:**
  alle flüssigkeitsgefüllten Implantate (nach bisherigem Wissenstand)

10.5 Geschlechtsspezifische Probleme

Gefahr:

Traditionellerweise werden beim weiblichen Geschlecht besondere Gefahren vermutet. Angesichts der statistisch nachgewiesenen geschlechtsspezifischen Häufung von tödlichenTauchkomplikationen und Unfällen beim männlichen Geschlecht, muss jedoch eher die geschlechtsspezifische Gefährdung in jene Richtung hinterfragt werden.
Mögliche Probleme sind:

- **Schwangerschaft**, Tauchen post partum: s. Seite 10.6
- **Menstruation**: Hypermenorrhoe und Menorrhagie stellen sowohl ein hygienisches Problem als auch eine hypothetische Gefahr für Hai-Attacken in entsprechenden Gewässern dar. Dazu führt die konsekutive Anämie zu einer verminderten Sauerstofftransportkapazität. Temporär sollte deshalb auf das Tauchen verzichtet werden
- **Prämenstruelles Syndrom:** Persönlichkeitsveränderungen im Rahmen der Menstruation können zu temporärer Einschränkung der Tauchfähigkeit führen, doch ist dies im Rahmen der Eigenverantwortlichkeit durch die Taucherin selbst zu regeln. Häufig geht ein sehr ausgeprägtes Syndrom mit anderen psychiatrischen Störungen einher, die entsprechend abgeklärt werden müssen (s. Kapitel Psychiatrie). Zu berücksichtigen ist auch, dass sich die entsprechenden Symptome mit zunehmendem Alter verstärken
- **Kontrazeption:** Östrogene führen zu einem erhöhten Thrombose Risiko, das durch Dehydratation und Rauchen weiter gesteigert wird . Theoretisch könnte dies eine Dekompressionskrankheit verstärken oder deren Ausbruch begünstigen, was bis heute statistisch nicht nachgewiesen ist. An diesen Risikofaktor ist vor allem zu denken, wenn bei unerwarteter Dekompressionskrankheit nach normalem Tauchgang Symptome auftreten und vielleicht noch andere Risikofaktoren (z.B. Thrombophilie) vorhanden sind. Dann müsste wohl individuell zu einer Anpassung geraten oder eine Tauchuntauglichkeit in Aussicht gestellt werden
- **Laktation:** die Brusternährung post partum stellt keinerlei Kontraindikation dar, da weder für die Mutter noch für das Kind ein Risiko besteht. Allenfalls kann eine tauchbedingte Dehydratation die Milchproduktion hemmen oder es kann bei grosser Keimzahl in hygienisch fragwürdigem Wasser zur Mastitis kommen
- **Osteoporose:** es besteht kein Nachweis einer Zunahme der Osteoporose oder von Komplikationen durch das Tauchen. Die tauchbedingte Knochennekrose (chronische Dekompressionskrankheit) hat einen von der Osteoporose völlig unterschiedlichen Wirkungsmechanismus, so dass keine Beeinflussung anzunehmen ist
- **"Männliche Furchtlosigkeit":** sowohl von der Erziehung wie vom angeborenen Verhaltensmuster gilt es als männliche Tugend, mutig zu sein und furchtlos möglichen Gefahren gegenüber zu treten. Dieses geschlechtstypische Verhalten führt auch ohne psychische Erkrankung öfters zu einer gewissen Unbekümmertheit in Bezug auf die Gefahreneinschätzung beim Tauchen und insbesondere bei der Sicherheitsplanung. Nur eine solide Ausbildung und auch die ärztliche Information über die tauchspezifischen Gefahren, die durch unsere nicht an das Unterwasserleben angepasste Physiologie bedingt sind, wird langfristig zu einer Reduktion schwerer Tauchunfälle führen

Kontraindikationen:

Es sind keine geschlechtsspezifischen Kontraindikationen bekannt. Hingegen sind geschlechtsspezifische physiologische Merkmale und solche des Verhaltens durchaus vorhanden. Diese sollen in die ärztliche Beratung einbezogen werden

10.6 Schwangerschaft

Gefahr:

Fötus: möglicherweise erhöhte Missbildungsrate. Diese ist allerdings speziesabhängig und nur im Tierversuch nachgewiesen worden

Schwangere: Erhöhte Abortgefahr, besonders nach vorangegangenem Abort

Refluxgefahr, erniedrigte inspiratorische Reserve, Druckausgleichsprobleme infolge graviditätsbedingter Schleimhautschwellung. Eventuell erhöhte Anfälligkeit für Dekompressionskrankheit (analog Adipositas)

Abklärung:

- Anamnese
- Schwangerschaftstest

Kontraindikationen:

- **Absolute:**
  Da ein Risiko für den Föten in Anbetracht widersprüchlicher Studien nicht ausgeschlossen werden kann, ist bei bekannter Schwangerschaft vom Tauchen abzuraten

  Ein Schwangerschaftsabbruch ist aufgrund des heutigen Wissenstandes dennoch nicht gerechtfertigt, wenn nach den Tauchferien eine Schwangerschaft festgestellt wird. Allenfalls frequentere Ultraschallkontrollen der Organentwicklung

- **Keine Kontraindikation:**
  4-6 Wochen post partum, 6-10 Wochen nach Sectio

Anhänge

Anhang 1: Leistungstests

Die Leistungsfähigkeit kann anamnestisch grob durch Erfragen des Sport- und insbesondere des Schwimmverhaltens, allenfalls der beruflichen Arbeit und Hobbies eingeschätzt werden. Für eine Beurteilung der taucherischen Leistungsfähigkeit sind derzeit keine spezifischen Verfahren verfügbar. Eine objektive Erfassung der allgemeinen Leistungsfähigkeit sollte mit einer Methode erfolgen, die reproduzierbare Werte ergibt, welche in international vergleichbare Leistungseinheiten umgerechnet (in der Regel hochgerechnet) werden können. In der Arztpraxis eignet sich am besten das Fahrrad-Ergometer, allenfalls ein Laufband oder andere in der Routine bewährte Methoden. Eine Ermittlung kardialer Risiken bei vorhandenen Risikofaktoren soll durch den kardiologisch geschulten Arzt und unter entsprechender Sicherheitsdisposition erfolgen. Bei der Tauglichkeitsuntersuchung ist aber auch beim angeblich Trainierten gelegentlich ein Leistungstest angezeigt, insbesondere beim älteren Taucher sowie bei den Berufstauchern. Obwohl die Leistungsfähigkeit als Ganzes komplex aufgebaut ist, messen wir in der Regel lediglich die aerobe Kapazität, welche aus einer submaximalen Belastung berechnet wird. Gemäss europäischen Richtlinien für Berufstaucher (EDTC Standards 2001) sind die Testresultate in VO_2max (ml O_2/kg Körpergewicht/min) anzugeben. Die gelegentlich alternativ verwendete Einheit MET lässt sich leicht daraus ableiten (1MET = 3,5ml O_2/kg lean body weight/min). Gemäss einer kürzlich publizierten Metaanalyse kann untenstehende Tabelle für die Einschätzung der Ausdauerleistungsfähigkeit benützt werden.

Die für das Tauchen aufgewendete Leistung wird im Manual der amerikanischen Sportmedizingesellschaft mit 5-10 MET also 18-35 ml O_2/kg/min angegeben, wobei der obere Wert nur in Ausnahmesituationen erreicht wird, welche aber gerade bei Tauchunfällen entscheidend sind. Berufstaucher müssen nach internationalen Richtlinien 13 METs (45 ml O_2/kg/min) leisten können. Die VO_2max, welche einen theoretisch errechneten Maximalwert darstellt, müsste also noch etwas höher liegen um realistischerweise ein sicheres Tauchen zu gewährleisten.

Shvartz E., Reibold R.: Aerobic fitness norms for males and females aged 6 to 75 years: a review. Aviat.Space Environ. Med.; 61: 3-11 (1990)

Marti, B., Laukkanen R., Held T.: Beurteilung der Ausdauer aufgrund der VO_2max: Standards des BASPO: Schweizerische Zeitschrift für "Sportmedizin und Sporttraumatologie" 47 (4), 173-174, (1999)

ACSM's Guidelines for Exercise Testing and Prescription, 6th Edition 2000, Baltimore USA, ISBN 0-7817-2735-9

Männer Alter [Jahre]	Sehr schwach	Schwach	Unterdurch-schnittlich	Genügend	Gut	Sehr gut	Ausge-zeichnet
20-24	< 32	32-37	38-43	44-50	51-5	57-62	> 62
25-29	<31	31-35	36-42	43-48	49-53	54-59	> 59
30-34	<29	29-34	35-40	41-45	46-51	52-56	> 56
35-39	<28	28-32	33-38	39-43	44-48	49-54	> 54
40-44	<26	26-31	32-35	36-41	42-46	47-51	> 51
45-49	<25	25-29	30-34	35-39	40-43	44-48	> 48
50-54	<24	24-27	28-32	33-36	37-41	42-46	> 46
55-59	<22	22-26	27-30	31-34	35-39	40-43	>43
60-65	<21	21-24	25-28	29-32	33-36	37-40	>40

Tabelle 1: Beurteilung der Ausdauer aufgrund der maximalen Sauerstoffaufnahme (VO_2max; ml/kg/min) für Männer: Standards des Schweizerischen Bundesamtes für Sport

Frauen Alter [Jahre]	Sehr schwach	Schwach	Unterdurch-schnittlich	Genügend	Gut	Sehr gut	Ausge-zeichnet
20-24	< 27	27-31	32-36	37-41	42-46	47-51	> 51
25-29	<26	26-30	31-35	36-40	41-44	45-49	> 49
30-34	<25	25-29	30-33	34-37	38-42	43-46	> 46
35-39	<24	24-27	28-31	32-35	36-40	41-44	> 44
40-44	<22	22-25	26-29	30-33	34-37	38-41	> 41
45-49	<21	21-23	24-27	28-31	32-35	36-38	> 38
50-54	<19	19-22	23-25	26-29	30-32	33-36	> 36
55-59	<18	18-20	21-23	24-27	28-30	31-33	> 33
60-65	<16	16-18	19-21	22-24	25-27	28-30	> 30

Tabelle 2: Beurteilung der Ausdauer aufgrund der maximalen Sauerstoffaufnahme (VO_2max; ml/kg/min) für Frauen: Standards des Schweizerischen Bundesamtes für Sport

Anhang 2: präventive Massnahmen bei PFO

Vorläufige Auswertungen der Statistik ergeben eine Risikoerhöhung für die Dekompressionskrankheit um den Faktor 2.4 gegenüber dem Gesamtkollektiv. Nur ein vollständiges Vermeiden von venösen Gasbläschen könnte dieses Risiko beseitigen, was aus physiologischen Gründen bei noch so vorsichtigem Tauchen nicht erreicht werden kann. Wegen der in der ganzen Physiologie typischen, individuellen Variabilität und Beeinflussbarkeit durch momentane Umgebungsverhältnisse, ist das Auftauchen von venösen Bläschen nicht an einen klar definierten Übersättigungswert der gelösten Inertgase gebunden, sondern verhält sich entsprechend einer probabilistischen Kurve als rein statistische Grösse. Ziel einer effektiven Prävention muss es daher sein, die anzunehmende Risikoerhöhung durch Kombination mehrerer Massnahmen auszugleichen, die insgesamt eine Reduktion der DCI-Wahrscheinlichkeit um denselben Faktor ergeben.

1. Reduktion des Dekompressionsstresses

a) Bewusstes "Nichtausnutzen" der Nullzeiten bzw. Tauchen mit Tabellen unter Benützung einer fiktiv grösseren Tiefe. Ebenso können gewisse Tauchcomputer in Sicherheitsmodus (zuweilen auch Bergseemodus) geschaltet werden, die einen analogen Effekt ergeben. Das genaue Ausmass der Deko-Stress Reduktion ist allerdings bisher nicht berechnet und validiert worden.

b) Benützung von sauerstoffangereicherter Luft (Nitrox), wobei durch Reduktion des Inertgasanteils ein ähnlicher Effekt entsteht wie beim Tauchen in geringerer Tiefe. Dabei müssen trotz Nitrox zwingend Tabellen bzw. Tauchcomputer benützt werden, die auf Luftatmung basieren.

2. Vermeiden von vermehrter Bläschenbildung

a) Reduzieren der Aufstiegsgeschwindigkeit (ca. 5 m pro Minute, was etwa 50% der von modernen Tauchcomputern erlaubten Aufstiegsgeschwindigkeit entspricht). Dies bedingt eine entsprechende Luftkalkulation im Voraus, Vermeiden von Freiwasseraufstiegen ohne Seil und Vermeiden grosser Tiefen (über 25m ist in der Regel das 5- oder das

10-Minuten-Halbwertszeit-Kompartiment das sogenannte Leitgewebe).

b) Vermeiden von sehr unregelmässigen Tauchprofilen, insbesondere solchen mit raschem Tiefenwechsel und "Jo-Jo-Profile".

c) Tiefer Sicherheitsstop auf halber Tauchtiefe (erlaubt Gasausgleich zwischen den unterschiedlich gesättigten Geweben vor der Bläschenentstehung)

d) Vermeiden von zusätzlichem Deko-Stress nach dem Auftauchen (Fliegen nach dem Tauchen erst nach vollständiger Entsättigungszeit gemäss Computerberechnung, allenfalls Verlängerung der Wartezeit zum Fliegen oder terrestrischen Höhenwechsel).

e) Vermeiden von allgemein bekannten Risikofaktoren wie Dehydratation, lokale Unterkühlung, lokale Kompression durch die Ausrüstung, grösseren Aktivitäten beim und unmittelbar nach dem Dekomprimieren.

3. Vermeiden von Shunt provozierenden Druckerhöhungen der Hohlvenen

a) Pressatmung vermeiden, insbesondere beim Tauchen kein Atemanhalten ("skip breathing")

b) Vermeiden von Husten und Heben grosser Gewichte (Tauchgerät), bis 2 Stunden nach dem Tauchgang, (anstrengendes Schwimmen, intrathorakale Druckerhöhung)

c) Vermeiden von Valsalvamanöver (Druckausgleich mit lokalem Druck im Rachenraum, sogenanntes "Frenzel-Manöver")

Anhang 3: Behindertentauchen

Möglichkeiten für Taucher mit eingeschränkter Tauchtauglichkeit

Die Schwerelosigkeit unter Wasser und die moderne Ausrüstung ermöglichen es auch erheblich in ihrer Motilität behinderten Menschen zu tauchen und die Unterwasserwelt aktiv zu erleben. Auf diese Weise können Menschen mit eingeschränkter Leistungsfähigkeit das Hobby Tauchen ausüben. Zudem werden sie auch körperlich beansprucht, was sich u.a. auch auf die psychische Situation positiv auswirkt. Abgesehen von therapeutischen Möglichkeiten, die hier nicht gemeint sind, ist Tauchen somit auch eine hervorragende Möglichkeit zur Wiedereingliederung behinderter und chronisch kranker Menschen.

Ein besonderer Vorteil taucherischer Aktivitäten kann der Zugewinn an Bewegungsfreiheit durch die Kompensation der Schwerkraft sein. Andererseits können die besonderen Risiken des Tauchens durch die Behinderung oder Krankheit weiter verschärft werden.

Eine medizinische Beratung sollte deshalb folgende Punkte enthalten:

- Welche besonderen medizinischen Risiken bestehen durch die Behinderung oder Krankheit?
- Welche Tauchbedingungen (z.B. Tiefe, Dauer, Kälte, Deko, Strömung) sind eventuell kontraindiziert?

Zusammenarbeit Taucherarzt - Behindertentauchorganisation

Sind die Bedingungen für eine ordentliche, d.h. volle Tauchtauglichkeit nicht gegeben, muss auf dem Zeugnis z.B. der Vermerk "nur im Rahmen des Tauchens für Personen mit eingeschränkter Leistungsfähigkeit" stehen.

Der Kandidat braucht zum Erlangen einer derart eingeschränkten Tauchtauglichkeitserklärung ein gesundes Herz-Kreislauf-System, gesunde Lungen, normale und frei durchgängige obere Atemwege und Nebenhöhlen, und er muss in der Lage sein, den Druckausgleich korrekt durchzuführen.

Die Beurteilung der physischen sowie psychischen Leistungsfähigkeit und die Wahl der Ausbildungsmethodik und allfälliger Hilfsmittel liegt hingegen in der Verantwortlichkeit des betreffenden dafür ausgebildeten Tauchlehrers, der bei Bedarf auf taucherärztliche Beratung zurückgreifen kann.

Dem Tauglichkeitsuntersucher obliegt es, den Taucher auf diesen besonderen Weg aufmerksam zu machen und ihm entsprechende Kontaktadressen zu vermitteln. Die Sekretariate der Tauchmedizingesellschaften GTÜM, ÖGTH und SGUHM können diesbezüglich angefragt werden.

Verschiedene z.T. international operierende Verbände sind auf die Ausbildung und Beratung Behinderter und chronisch Kranker spezialisiert: IAHD (International Association for Handicapped Divers) und HSA (Handicapped Scuba Association). Auch nationale Sporttauchverbände vermitteln besondere Angebote. Weitere Anlaufstellen sind evtl. über die regionalen Tauchanbieter zu erfahren.

Die Behindertentauchorganisation übernimmt den Tauchkandidaten für eine Erstbeurteilung, vermittelt einen geeigneten Unterricht und beurteilt nach dessen Beendigung die Leistungsmöglichkeiten des Tauchers. Dabei werden von allen erwähnten Organisationen drei Stufen unterschieden:

Einteilung der Leistungseinschränkungen:

Stufe 1: Der Kandidat kann alle erforderlichen physischen und psychischen Leistungen erbringen und in Problemsituationen sowohl sich selbst wie auch seinem Tauchpartner Hilfe leisten.

Stufe 2: Der Kandidat kann ebenfalls alle erforderlichen Leistungen erbringen, in schwierigen Situationen kann er aber nur für sich selbst sorgen, nicht aber seinem Partner helfen.

Stufe 3: Dieser Kandidat kann bei Problemen weder sich selber noch seinem Partner helfen und er ist demzufolge völlig auf fremde Hilfe angewiesen

Bei Beginn der Ausbildung werden Behinderte in der Regel auf Stufe drei eingestuft, können sich aber nach Auslotung der persönlichen Möglichkeiten und Grenzen evtl. bis Stufe 1 verbessern.

Soll im günstigsten Fall ein unkontrolliertes Tauchen mit Gruppen von Tauchern ohne Leistungseinschränkung möglich werden, erfolgt eine neue ärztliche Tauglichkeitsbeurteilung, wobei jetzt ein Attest ohne Einschränkung ausgestellt werden kann, vorausgesetzt, der Behindertentauchlehrer befürwortet den Schritt und der Taucher akzeptiert die vereinbarten Vorsichtsmassnahmen (auf dem Untersuchungsbogen zu notieren und evtl. vom Kandidaten gegenzuzeichnen).

Spezialfälle nach Art der Behinderung:

Die meisten Taucher mit eingeschränkter Tauglichkeit werden physische Leistungseinschränkungen haben (z.B. Amputation, Paraplegie, Kontrakturen, usw.), doch werden auch andere Einschränkungen mit analogen Kriterien beurteilt:

- **Gehörlose:**
  Taube sind physisch und psychisch normal leistungsfähig, jedoch wegen der audiologischen Einschränkung sehr schwierig zu unterrichten. Sind sie einmal ausgebildet, werden sie unter ihresgleichen beim Tauchen sogar wesentlich besser kommunizieren als Normalhörende, da sie eine reiche Zeichensprache und Beobachtungsfähigkeit entwickelt haben. Sowohl der nichttaube Tauchpartner wie auch der untersuchende Taucherarzt brauchen jedoch entsprechende Erfahrung im Umgang mit Gehörlosen (Informationsstellen finden Sie in der Kontaktliste am Ende des Manuals).

- **Blinde**
  Als Stufe-3-Behinderte ist ihnen Tauchen möglich; zu bedenken bleibt die Orientierungsunmöglichkeit bei Notsituationen und Tarierprobleme bei fehlender visueller Referenz.

- **Geistig Behinderte:**
  Obwohl Tauchen auch für mental Eingeschränkte durchaus positive Signale in deren ohnehin schwerem Lebensalltag setzen könnte, ist das Tauchen für diese Behindertengruppe aus medizinischer Sicht meist nicht zu verantworten. Das Schlüsselkriterium der zuverlässigen Atemwegsicherung während des Tauchens wie auch die Bedingung eines Verhaltens, das eine Führung durch Betreuer sicher ermöglicht, sind hier oft nicht gegeben und somit liegt eine absolute Kontraindikation vor. Die meisten Taucherorganisationen haben sich aus diesem Grund klar gegen das Tauchen geistig Behinderter ausgesprochen. Medizinisch begründete Ausnahmen sind möglich (s. Kapitel Psychiatrie).

- **Diabetiker (metabolische Einschränkung)**
  Da beim Diabetikerprogramm der Arzt nicht nur die Rolle des Tauglichkeitsbegutachters, sondern auch jene des Supervisors für das Erlernen und Einhalten des Blutzuckermonitorings übernimmt, werden hier die auf wissenschaftliche Untersuchungen gestützten (und deshalb von uns empfohlenen) Richtlinien wiedergegeben:

Sicherheitsplan für diabetische Taucher

1. Reduzieren des subjektiven Risikos

- Regelmässige Tauchpraxis
- Kenntnis und praktische Erfahrung der spezifischen Massnahmen gemäss Diabetikertauchprotokoll

2. Prävention von Komplikationen

- Genügender Hydrierungszustand vor dem Tauchgang (min. 2 l in 2 Std. unmittelbar vor Tauchen)
- Erhöhter Blutzucker vor dem Tauchgang > 9 mmol/l (160 mg/dl)
- Tauchtiefe max. 30 m (aufkommender Tiefenrausch ist kaum von Hypoglykämie zu unterscheiden)
- Nur Nullzeittauchgänge erlaubt (Aufstieg soll jederzeit möglich sein)

3. Sicherheitsmassnahmen während dem Tauchgang

- Glukosepaste und Glukagon abgepackt zur Unterwasserverabreichung
- Tauchpartner muss hilfefähig sein, informiert über Diabetes und die spezifischen Notfallmassnahmen bei Komplikationen
- Ausrüstung für normobare Sauerstofftherapie in Bereitschaft

4. Monitoring/Supervision

- Blutzuckermessungen sind 60, 30 und 0 Minuten vor sowie unmittelbar nach dem Tauchgang durchzuführen, zusätzlich nach 12 bis 15 Stunden (leere Muskeldepots)
- Diabetiker Tauchlogbuch führen (jeder Tauchgang ist einzutragen!)
- Jährliche Tauglichkeitsuntersuchung durch Taucherarzt mit Besprechung der aufgezeichneten Daten im Logbuch

adaptiert nach Lerch (siehe Literaturverzeichnis)

Der diabetische Tauchkandidat wird nach der initialen Tauglichkeitsuntersuchung von einer Behindertentauchorganisation über das spezifische Vorgehen informiert. Ein Taucherarzt übernimmt die medizinische Seite des Ausbildungsprogramms, während der sonst gesunde Taucher einen regulären Tauchkurs besuchen kann. Der ausbildende Tauchlehrer muss jedoch das Diabetikerprogramm kennen und die nötigen Voraussetzungen während des Tauchkurses anbieten. Hat der Taucher seine Ausbildung erfolgreich abgeschlossen, soll eine erneute Kontrolle beim Taucherarzt erfolgen, der dann ein Tauglichkeitszeugnis ohne entsprechende Einschränkung ausstellen kann, allerdings mit der Verpflichtung einer jährlichen Kontrolluntersuchung. Die vereinbarten Massnahmen gemäss Sicherheitsplan werden auf dem Untersuchungsbogen festgehalten und allenfalls vom Kandidaten gegengezeichnet (informed consent).

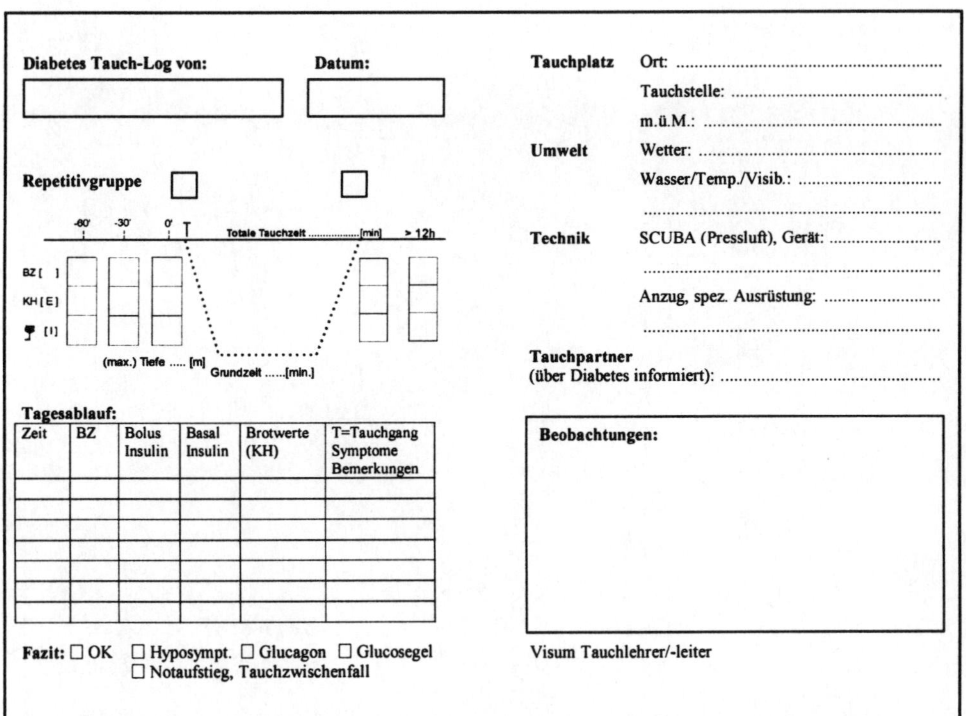

Diabetes Tauch-Log von: **Datum:**

Repetitivgruppe ☐ ☐

-60' -30' 0' Totale Tauchzeit ....[min] > 12h

BZ [ ]

KH [E]

[l]

(max.) Tiefe ..... [m]

Grundzeit ......[min.]

Tagesablauf:

Zeit	BZ	Bolus Insulin	Basal Insulin	Brotwerte (KH)	T=Tauchgang Symptome Bemerkungen

Fazit: ☐ OK ☐ Hyposympt. ☐ Glucagon ☐ Glucosegel ☐ Notaufstieg, Tauchzwischenfall

Tauchplatz Ort: ....

Tauchstelle: ....

m.ü.M.: ....

Umwelt Wetter: ....

Wasser/Temp./Visib.: ....

Technik SCUBA (Pressluft), Gerät: ....

Anzug, spez. Ausrüstung: ....

Tauchpartner
(über Diabetes informiert): ....

Beobachtungen:

Visum Tauchlehrer/-leiter

Lerch M, Lutrop C and Thurm U. Diabetes and Diving: Can the risk of hypoglycaemia be banned? SPUMS J.; 26(2): 62-66 (1996)

Literaturverzeichnis

Literatur zur Tauchtauglichkeit

Davis, J.C. (Ed.):
Medical examination of sport scuba divers
Best Publishing Company, San Pedro, CA 90703 (1986)

Ehm, O.F. :
Tauglichkeitsuntersuchungen bei Sporttauchern. 2. Auflage
Springer-Verlag, Berlin (1995)

Elliott, D.H. (Ed.):
Medical Assessment of Fitness to Dive
Biomedical Seminars, 7 Lynchcroft Gardens, Ewell, Surrey KT17 1UR, England (1995)

Elliott, D.H. (Ed.):
Are Asthmatics Fit to dive?
Undersea and Hyperbaric Medical Society, Inc.; 10531 Metropolitan Ave., Kensington, Maryland 20895-2627, USA (1996)

Fructus, X., Sciarli, R.:
La plongée santé, sécurité
Editions Maritimes et D'Outre Mer (1986)

Lee, C-T.
Sharpening the sharpened Romberg
SPUMS Journal; 28: 125 - 132 (1998)

Parker, John
The Sports Diving Medical. A guide do medical conditions relevant do scuba diving
J.L. Publications (1994) Australia ISBN 095903068.9

Vorosmarti, J. (Ed.):
Fitness to dive (3rd Printing)
Proceedings of the Thirty-fourth Undersea and Hyperbaric Medical Society Workshop, Bethesda, Maryland. UHMS Publication Number 70 (WS-FD 5/1/87), Bethesda, Maryland (1990)

Walker P.A. (Ed):
Safety of diving operations
Graham & Trotman Ltd., London (1986) ISBN 0 86010 509 1

Tauchmedizin allgemein

Almeling M., Böhm F., Welslau W.
Handbuch Tauch- Hyperbarmedizin,
Ecomedverlag, Landsberg/Lech (1998) ISBN 3-609-72390-4

Bennett, P.B., Elliott, D.H.:
The physiology and medicine of diving (4th Ed.)
W.B. Saunders, London (1993)

Bonnin, J.P., Grimaud, C., Happey, J.C., Seyer, J., Strub, J.M.:
Les accidents du milieu subaquatique et de la plongée libre
Masson, Paris (1993)

Bove, A.A., Davis, J.C.:
Diving medicine (3rd Ed.)
W.B. Saunders, Philadelphia (1997)

Bühlmann, A.A.(†):
Tauchmedizin (4. Aufl.)
Springer-Verlag, Berlin (1996)

Edmonds, Lowry, Pennefather:
Diving and Subaquatic Medicine (3rd Ed.)
Butterworth-Heinemann Ltd., Oxford (1992)

Ehm O.F., Hahn M., Wenzel J.:
Tauchen noch sicherer (8. Auflage)
Müller Rüschlikon, Cham (1999) ISBN 3-275-01216-9

Shilling, C.W., Carlston, C.B., Mathias R.A.:
The physician's guide to diving medicine
Plenum Press, New York (1982)

Tibika, B.:
Médecine de la plongée
Masson, Paris (1982)

Zeitschriften:

Caisson:
Organ der Gesellschaft für Tauch- und Überdruckmedizin e.V. (GTÜM e.V.)
Dunantring 53, D-60000 Frankfurt

European Journal of Underwater and Hyperbaric Medicine EJUHM:
Official Newsletter of the European Underwater and Baromedical Society
c/o Dr. Peter Mueller (Editor)
Speyerer Str. 93, D-68163 Mannheim/Germany

Journal of Hyperbaric Medicine:
Journal of the Undersea and Hyperbaric Medical Society, Inc.
9650 Rockville Pike, Bethesda, Maryland 20814 U.S.A.

Medsubhyp:
Bulletin de la Société de médecine subaquatique et hyperbare de langue française
OCTARES, F-13008 Marseille

SPUMS Journal
Journal of the South Pacific Underwater Medicine Society
Melbourne 3004, Australia

Index

Kontaktadressen

Tauchmedizinspezialisten und Fachärzte mit tauchmedizinischer Erfahrung

- Dringende Direktanfrage: REGA +41 1 1414 oder + 41 1 383 11 11 (Hotline DAN Europe)
- Direktanfragen:

  DAN EUROPE Deutschland/Österreich, c/o Dr. U. van Laak, Eichkoppelweg 70, D-24119 Kronshagen. Tel. +49 431 549 861, Fax +49 431 544 288, e-mail: germany@daneurope.org

  DAN EUROPE Suisse, c/o Dr. J. Wendling, Seevorstadt 67, CH-2502 Biel, Tel. +41 32 322 38 23, Fax +41 32 322 38 39, e-mail: dansuisse@wendling.ch
- Adressenvermittlung Deutschland:

  Geschäftsstelle der GTÜM, Frau E. Kurzer, Dunantring 58, D-65936 Frankfurt, Tel. +49 69 342498, Fax +49 69 34828569, e-mail: info@gtuem.org

  Schiffahrtmedizinisches Institut der Marine, D-24119 Kronshagen, Tel. +49 431 5409
- Adressenvermittlung Österreich: ÖGTH, c/o Dr. med. Christian Wagner, Leopoldgasse 8/20, A-1020 Wien, Tel/Fax +43 1 2163045, e-mail: wac@pul.gzw.magwien.gv.at
- Adressenvermittlung Schweiz: Sekretariat SGUHM, Frau M. Spahr, Lerchenweg 9, CH-2543 Lengnau, Tel. +41 32 653 85 46, Fax +41 32 653 85 47, e-mail: suhms@datacomm.ch

Behindertentauchen

- Handicapped Scuba Association, c/o Henrike Aust, Fürstenwall 288, D-40215 Düsseldorf, Tel. +49 211 938 39 31, Fax +49 211 938 39 38, e-mail: henrike@hsa-europe.org
- IAHD, Hazelaarlaan 47, NL 1775 EE Middenmeer, Tel. +31 227 503 631, Fax +31 227 503 729, www.iahd.org
- Vermittlung Schweiz: Sekretariat SGUHM (s. oben)
- Gehörlosensportverein Kassel e.V., Herrn Manfred Schäfer, Tauchsportabteilungsleiter, Agathofstrasse 48, D-34123 Kassel, Schreibtelefon +49 561 56500, Fax +49 561 577 639
- Süddeutscher Tauchclub (Gehörlose), c/o Herrn Joachim Blage, D-80000 München Fax +49 89 688 35 64

Berufstauchen

- AG Überdruck, c/o Herrn Dr. Wolfgang Förster, Arbeitsmedizinischer Dienst TBG, Landsberger Strasse 309, D-80867 München, Tel. +49 89 88 97 730, Fax +49 89 97 799, e-mail: wolfgang.foerster@tiefbaubg.de
- Hyperbaric Training Center Deutschland e.V., Wolfgangsweg 10, D-20459 Hamburg, Tel. +49 40 31793607, Fax +49 40 317936008, e-mail: info@hyperbaric-training-center.de
- Österr. Bundesministerium für Wirtschaft und Arbeit, Sektion IX Zentral-Arbeitsinspektorat, Praterstrasse 31, A-1020 Wien, Tel. +43 1 71100-0, Fax +43 1 71100-2190, e-mail: post@bmwa.gv.at
- Suva, Herrn Dr. Martin Rüegger, Postfach, CH-6002 Luzern, Tel. +41 41 419 51 11, Fax +41 41 419 62 50, e-mail: martin.rueegger@suva.ch